Quellen innerer Lebenskraft

Worte, die stärken

Quellen innerer Lebenskraft

Worte, die stärken

HERDER

FREIBURG · BASEL · WIEN

Sonderband 2013

Herausgegeben von Ulrich Sander

Mit Beiträgen von:

Petra Altmann
Doris Bewernitz
Leonardo Boff
Phil Bosmans
Joan Chittister
Hilde Domin
Abt Johannes Eckert
Khalil Gibran
Anselm Grün
Rainer Haak
Schwester Gisela Ibele
Margot Käßmann
Anthony de Mello
Antje Sabine Naegeli
Angela Römer-Gerner
Richard Rohr
Anton Rotzetter
Andrea Schwarz
Clemens Sedmak
Christa Spilling-Nöker
Pierre Stutz
Abtprimas Notker Wolf

Vorwort

»Du bist zufrieden. Du siehst die guten, schönen Seiten des Lebens. Doch auf einmal ist alles anders. Dir fällt alles schwer. Du traust dir nichts mehr zu und verlierst allen Mut. Warum muss das so sein?« *Phil Bosmans* stellt diese Frage und verweist auf den Rhythmus der Natur, auf Ebbe und Flut. Den eigenen Rhythmus zu finden, in innerer Balance zu leben ist nicht immer einfach.

Jeder von uns kennt den Stoßseufzer: »Ich kann nicht mehr!« Jeder von uns spürt an sich selbst immer wieder Zeichen der Erschöpfung. Vielleicht wird man von Termin zu Termin getrieben, und das gemeinsame Leben in der Partnerschaft besteht fast nur noch darin, Terminabsprachen für das Familienleben zu treffen. Vielleicht verblasst die Freude an dem, was wir beruflich tun, und macht dem Gefühl der Überforderung Platz. Vielleicht leiden wir unter den Schmerzen einer Krankheit und denken, dass das Maß des Erträglichen erreicht ist. Vielleicht erleben wir die Begegnung mit anderen Menschen als anstrengend und nehmen sie vor allem als »Störungen« wahr.

Dann ist es gut, innezuhalten und den eigenen Lebenstakt wieder zu finden, die Quellen, aus denen uns innere Lebenskraft und Freude am Dasein zuströmt. Die Autorinnen und Autoren dieses Bandes schreiben aus ihrer eigenen Lebenserfahrung und erzählen, wo sie selbst fündig geworden sind auf der Suche nach Quellen der Kraft für ihr Leben. *Anselm Grün* schreibt: »Unterhalb meiner Erschöpfung, meiner Müdigkeit, strömt auf dem Grund meiner Seele eine Quelle, die nie versiegt.«

Ein erster Schritt, um sich diese Quelle zu erschließen, liegt darin, die Mitte und das Maß zu finden, das dem eigenen Leben gut tut. Den Einsatz nach außen und die Sorge für sich selbst in ein gesundes Gleichgewicht zu bringen, damit unsere Seele wieder aufblühen kann. Was ihr dabei hilft, schreibt *Margot Käßmann,* ist, die »Natur zu erleben, nicht als künstlich angelegte Welt oder handtuchbreiten Park, sondern im Großen, abseits der Häuser und der Glitzerwelt«. Eintauchen in die Schöpfung, die uns umgibt, um neu aufzuatmen und von ihrem Rhythmus zu lernen, ist eine Quelle der Kraft. Ebenso wie die Stille, in der wir die zahllosen Stimmen, die ihre Erwartungen an uns richten, zum Schweigen bringen und Augenblicke der Gegenwart genießen, in denen wir einfach nur »da sein« dürfen.

Solche Augenblicke der Gegenwart finden wir nicht nur allein, sondern vor allem auch mit Menschen, die es gut mit uns meinen. Freundschaft ist eine Quelle der Kraft: »Ein Freund lässt den anderen in sein Herz, in sein Inneres, in sein Daheim – und wird durch diesen Besuch verändert und geprägt« *(Clemens Sedmak).* Aus der Erfahrung von Liebe und Freundschaft kann das Vertrauen wachsen, dass über unser Leben ein Segen geschrieben ist, der uns wie eine unverbrauchte Quelle von Kraft zur Verfügung steht. Dafür wünsche ich uns offene Augen!

Ulrich Sander

2 Aufblühen
Einssein mit der Schöpfung

3 Still werden
Einkehr im Innern

Anhang

Die Quelle in mir

Unterhalb meiner Erschöpfung,
meiner Müdigkeit, strömt auf dem Grund
meiner Seele eine Quelle,
die nie versiegt.
Wenn ich mit dieser Quelle
in Berührung bin,
dann strömt es wieder in mir.
Dann fühle ich mich wieder frisch.
Dann kann ich trotz meiner Müdigkeit
durchlässig werden
und jetzt im Augenblick
das tun, was gerade von mir gefordert wird.
Nicht mehr ich muss dann etwas leisten.
Es fließt vielmehr
durch mich hindurch.

Anselm Grün

Aufatmen

Zur Mitte finden

Leicht zu leben ohne Leichtsinn
heiter zu sein ohne Ausgelassenheit
Mut zu haben ohne Übermut

Theodor Fontane

Zeit gestalten

Anselm Grün

Der Rhythmus des Jahres verweist uns auf den Rhythmus unseres eigenen Lebens. Seit je haben wir die Jahreszeiten als Bild verstanden für unseren Lebenslauf: den Frühling für die Jugend, den Sommer für die Blüte des Erwachsenenseins, den Herbst als Bild für das Älterwerden und den Winter für die letzte Zeit unseres Lebens und für den Tod. Jeder steht in einem anderen Bereich seines Lebenszyklus. Wir wissen nicht, wie lange der Kreis unseres Lebens geht. Wir kennen den Anfang, aber nicht das Ende.

Wie jedes Jahr alle Stationen des Lebenszyklus gefeiert werden, so geschieht auch in uns – ganz gleich, wie alt wir gerade sind – immer wieder Schwangerschaft, Geburt, Aufblühen, Welken und Sterben. Aber es ist trotzdem kein immer wiederkehrender Kreis. Jedes Mal, wenn etwas Altes abstirbt, wird etwas Neues in uns geboren. Wir müssen die Kindheit loslassen, damit wir in der Jugend zur Blüte kommen. Wir müssen den Höhepunkt der Lebensmitte loslassen, damit wir mehr nach innen gehen. Und wir müssen im Alter unsere Kraft loslassen, damit wir den inneren Reichtum in uns entdecken, der uns auch im Tod nicht genommen werden kann.

Es gibt verschiedene Möglichkeiten, die eigene Zeit gut zu gestalten. Die Zeit ist in unserer Erfahrung schon immer rhythmisiert. Die Jahreszeiten geben ihr den Rhythmus, aber auch Morgen, Mittag und Abend strukturieren die Zeit eines jeden Tages. Wenn ich mich auf den guten Rhythmus der Zeit einlasse, auf die vorgegebene Struktur des Tages, dann tut mir das gut.

Sich auf den Rhythmus des Lebens einzustellen ist gesund. Jeder hat seinen eigenen Biorhythmus. Wenn ich nicht ständig gegen diesen inneren Rhythmus meines Leibes und meiner Seele lebe, bin ich im Einklang mit mir. Ich habe nicht den Eindruck, zerrissen und gehetzt zu sein. Und die Arbeit geht mir gut von der Hand. Aber ich bin nicht Sklave der Arbeit. Ich kann in der Beziehung zu dem, was ich tue, Sinn erfahren. *Carl Gustav Jung* meint: Wer im Rhythmus arbeitet, arbeitet effektiver. Wer gegen seinen Rhythmus sich nur vom Terminkalender bestimmen lässt, der geht nicht nachhaltig mit seinen Kräften um … Damit ich auch mitten in der Arbeit mit meiner inneren Quelle in Berührung bin, braucht es immer wieder innere Halte-Punkte, in denen ich mich selbst spüre. Eine wichtige Hilfe, mitten in der Arbeit die innere Ruhe zu spüren, meine Mitte zu erleben, besteht in Ritualen. Rituale schaffen immer wieder eine heilige Zeit, die der Welt entzogen ist. So erlebe ich mitten im Tun etwas, worüber das Tun und die Anforderungen der Arbeit nicht verfügen können. Das gibt mir die Möglichkeit, mitten im Handeln innerlich frei zu bleiben und mich nicht von außen bestimmen zu lassen. Die Kraft der Rituale besteht darin, dass sie uns das Gefühl geben, dass wir selber leben, anstatt gelebt zu werden. Jeder kann seine eigenen Rituale entwickeln. Wir können nicht den ganzen Tag über mit unserer Quelle in Berührung sein. Aber wir brauchen tägliche Rituale, in denen wir innehalten, um die eigene Mitte und in der Mitte die Quelle zu spüren, die in uns sprudelt.

Atempausen

Pierre Stutz

Im Mangel an Zeit für das Wesentliche, für ein lebensnotwendiges Durchatmen erkenne ich eine neue, subtile Form der Sklaverei. Wir lassen uns durch menschenfeindliche Strukturen durchs Leben peitschen und verbauen uns dadurch das Glück in unseren Beziehungen und in unserem Arbeiten. »Ich habe keine Zeit« wird zum alles bestimmenden Lebensgefühl. Dem setze ich mit aller Entschiedenheit die Behauptung entgegen, dass jeder und jede von uns Zeit genug hat – dass wir aber unsere Zeit zu wenig nutzen, um den Zugang zu unseren Ressourcen, zu unserem unerschöpflichen Wachstumspotenzial zu finden.

Das tiefe Ein- und Ausatmen eröffnet uns jene befreiende Spur, um gelöster und gelassener im Leben stehen zu können. Damit will ich auf gar keinen Fall die Komplexität und Widersprüchlichkeit unseres Lebens schönreden und mit ein paar einfachen Übungen verharmlosen. In meiner langjährigen spirituellen Begleitung der unterschiedlichsten Menschen habe ich die Kunst der Einfachheit, die Gabe der Wiederholung, die Kraft der Rituale wiederentdeckt. Menschen, die nicht nur vom Kopf her leben möchten, sondern sich als Leib-Geist-Seele-Einheit entfalten wollen, sind auf die Weisheit der Wiederholung angewiesen. Wir sind aufgerufen, uns in kurzen Atempausen jene schöpferische Lebenskraft zu holen, die wir besonders dann brauchen, wenn wir hart gefordert sind im Leben.

Im Gestalten meines Tages kann ich einen gesunden Rhythmus einüben, der notwendig ist in einer Welt, in der wir vor unzähligen Informationen und Wahlmöglichkeiten stehen. Es ist dies eine Lebensqualität, die wir nicht missen möchten und die zugleich zu viel innerem Stress führen kann: Wir spüren die Qual der Wahl. Sich entscheiden zu können, braucht Kraft. Ich kann sie mir holen, indem ich mir den Tag hindurch kleine Zwischenräume gönne. Dabei muss ich nicht sehr viel tun, sondern die Kraft der Langsamkeit und der Entschleunigung kultivieren, indem ich mein Aufstehen, mein Duschen, mein Essen, mein Sitzen, mein Gehen, meinen Arbeitsbeginn, meine Pausen mit kurzen Atem- und Körperübungen beginne.

Mit wenigen, unscheinbaren Gesten kann ich ausdrücken, was wirklich wesentlich ist im Leben. Ich erinnere mich und andere, dass wir alle viel mehr sind als unsere Leistung und als unser Erfolg. Mein achtsames Atmen wird zur Meditation, die mich erinnert an das tiefe Eingebundensein in den Lebensatem. Unser Leben lebt vom Rhythmus des Tages und der Nacht, des Ruhens und Arbeitens. In der jüdischen Tradition beginnt der Tag am Abend. Im ersten Schöpfungsbericht heißt es: »… und es ward Abend und es ward Morgen, erster Tag …« Welch ein befreiendes Lebensgefühl, zuerst sein zu dürfen, weil jegliches Wachstum nicht in unserer Hand liegt. Mein dankbares Staunen über dieses Geschenk des Lebens, das sich in jedem Atemzug unserer Existenz erneuert, kann ich durch viele kleine Atempausen vertiefen.

Heute

Heute
verweile ich im tiefen Ein- und Ausatmen
am Ende eines reichen Tages
damit ich das Beglückende und Mühsame
des Tages loslassen kann

Heute
achte ich in der Stille der Nacht
vor dem Einschlafen auf meinen Atemfluss
er erinnert mich an den Lebensatem Gottes in allem
der mir auch im Schlaf Erholung bringen wird

Heute
danke ich durch mein aufmerksames Atmen
dem Leben für seine Fülle
die in meiner Tiefe immer schon auf mich wartet
und mich auch zum Ausruhen bestärkt

Im Gleichgewicht

Schwester Gisela Ibele

»Alles hat seine Zeit«: Als Mensch brauche ich Rhythmen für mein Leben. Sie geben der Seele Raum zum Atmen. Wache Sinne sind ein Geschenk, mit denen wir bisher Verborgenes sehen, hören, tasten, fühlen, schmecken, riechen und ahnen können. Sie schenken uns tiefe Einsichten. Ich kann mit meinen Sinnen auch nach innen fühlen und dort den Menschen begegnen. Das Herz ist es, was alle Menschen gemeinsam haben und das uns verbindet.

Schritt für Schritt

Es gibt Tage, an denen jeder Handgriff, jeder Gedanke, jedes Wort zu spät kommt. Fünf Minuten zu spät aufgestanden, und schon hängen sie mir den Tag über nach. Es ist wie ein negatives Vorzeichen, das meinen Tagesrhythmus durcheinanderbringt. Heute nehme ich mir bewusst Zeit für die Dinge, die ich tue. Ich sage mir laut vor, was ich jetzt gerade tun will. So gelingt es mir, mich auf eine Aufgabe zu konzentrieren. Schritt für Schritt nehme ich mich selbst an die Hand und begleite mein Tun. Ich bleibe in der Gegenwart und lebe nicht schon fünf Minuten voraus. Ich werde überrascht sein: Alles bekommt die Zeit, die es braucht.

Auf einmal nehme ich die Welt anders wahr, ändert sich meine Sichtweise, und die Täuschung wird offenbar.

Gerade in Grenzsituationen, wenn wir nicht mehr können und nicht mehr funktionieren, können uns die »Augen aufgehen«. Wir erkennen, was wirklich wichtig und richtig ist. Die Wahrnehmung lenkt den Blick in die eigene Mitte. Dort ereignet sich ein wahres Wunder: Aus dem Sehen wird ein tiefgründiges Schauen, aus der Wahrnehmung erwächst Erkenntnis. Die Sucht, mir selbst und anderen etwas aufzuzwingen, stirbt. Ich spüre, wie mir der Mut zuwächst, mich auf ein selbstständiges Leben hin zu lösen. Ich muss nicht mehr – ich kann, ich darf, ich will!

Jeder Tag ein neuer Tag

Jede Vogelart hat ihre spezifische Stimme, ihren Gesang, Lock- und Balzrufe und Instrumentallaute. In den fröhlichsten Stunden des Jahres erklingen die reizenden Vogellieder, abhängig von der Helligkeit des Tages oder der Nacht, bedingt von Jahreszeit und Witterung. Dabei zwitschert nicht nur der Kehlkopf, sondern der ganze Vogelkörper. Es gibt Vogelarten, die sogar mit ihren Flügeln oder mit einzelnen Federn musizieren. Vielleicht schaffe ich es, einmal früh aufzustehen und dem Vogelgesang zu lauschen. Ich lasse mich von seiner Fröhlichkeit anstecken und entdecke auch in mir »Seelenflügel«, die mich am frühen Morgen hineinheben in den Tag.

Mit der Morgenröte des neuen Tages küsst das Sonnenlicht den neuen Tag. In das warme und verheißungsvolle Licht tauche ich meine Seele. Ich atme Licht ein und bin dankbar, lichtdurchflutet dem Tag begegnen zu können. Erst wenn das Licht sich bricht, wird Farbe sichtbar. Für diese Lichtbrechung braucht es Widerstand. Widerstände des Lebens: Ich werde ihnen heute nicht aus dem Weg gehen. Ungereimtheiten in Beziehungen, offene Fragen, Versagen und Schuld, Trauer und Schmerz: Ich nehme sie an und berühre sie mit dem göttlichen Lebenslicht meiner Seele. Ich vertraue darauf, dass sich das Wunder der Lichtbrechung auch in mir ereignet.

Ich halte ein Schneckenhaus in den Händen und betrachte seine Spiralform. Eine Spur, die nicht nur nach innen geht, sondern auch nach außen. Die Spirale ist wie das Hören: Ich höre dir zu und lasse dich zu mir nach innen kommen. Es geht aber auch anders: Ich liebe dich, du ziehst mich an, also komme ich von mir zu dir nach außen. Die Schnecke: ein Bild für den Weg, ein Bild für das Hören, ein Bild für Beziehung. Alle Kräfte wirken zusammen: die Kraft nach innen und nach außen. Beide Kräfte im Gleichgewicht – darauf möchte ich heute besonders achten.

Balance finden

Johannes Eckert

In Bayern ist »die Maß« ein Flüssigkeitsmaß für einen Liter Bier. Das Maß ist zunächst eine Maßeinheit. Deshalb wird die Tugend des Maßhaltens in der Kunst häufig als Frauengestalt mit zwei Krügen dargestellt, mit denen sie Wasser und Wein mischt, also Alltag und Fest verbindet … Das Maß sucht das ideale Mischungsverhältnis der menschlichen Kräfte, um sie bei der Verwirklichung des Guten richtig einzusetzen, damit sie sich ergänzen und bestärken. Das kann von Situation zu Situation variieren …

Die Tugend des Maßhaltens befähigt, vernünftig und besonnen eigene Wünsche und Triebe in ausgeglichener Weise und im rechten Verhältnis zu befriedigen. Es geschieht nichts zufällig oder nach Laune, sondern geplant und gesteuert … Dem Maß geht es um den richtigen Einsatz der Kräfte, letztlich um Steuerung, Selbstbeherrschung, Selbstkontrolle, Ordnung, Gleichgewicht und Harmonie …

Das Gegenteil von Maß ist Maßlosigkeit. Sie zeigt sich oft genug in Ruhelosigkeit, Nervosität, schamloser Neugierde und Schrankenlosigkeit. Ihre Antriebsfeder ist die Unzufriedenheit mit dem, was ist oder was nicht erreicht wurde. Die Maßlosigkeit fordert heraus, immer mehr, immer schöner, immer extremer zu sein, sodass man sich mit dem Erlangten nicht mehr zufriedengibt, sondern ständig neuen Abenteuern nachläuft. Maßlosigkeit will immer schnelleres Wachstum, ohne dabei zu bedenken, dass Wachstum Zeit braucht. Maßlosigkeit drängt ständig nach dem Superlativ und zeigt sich folglich in Habgier (so viel wie möglich), Korruption (alles ist möglich) und Geltungssucht (so wichtig wie möglich). So kommt es, dass Maßlose nur noch den eigenen Vorteil kennen und das soziale Umfeld völlig aus dem Blick verlieren.

Mit der Zeit stumpfen durch gelebte Maßlosigkeit die Sinne ab. Das Feingefühl, die nötige Sensibilität gehen verloren. Wer zum Beispiel jeden Tag im Übermaß Wein konsumiert, wird ihn einerseits bald nicht mehr als besonderes Getränk schätzen können, andererseits wird er auch nicht darauf verzichten wollen, weil er zu seinem Lebensstil schon fest dazugehört. Folge von Maßlosigkeit sind daher häufig Abhängigkeit und Sucht, sodass der Mensch nicht mehr sich selbst bestimmt, sondern fremdbestimmt wird …

Die Tugend des rechten Maßes will eine emotionale Ausgeglichenheit herstellen, eine Balance, die auf der einen Seite schädliche Exzesse vermeidet und auf der anderen Seite echten Genuss ermöglicht. So führt zum Beispiel Maßhalten im Umgang mit materiellen Gütern (Konsumaskese) dazu, dass ein Mensch einerseits spürt, dass er zu seinem Glück nicht alles braucht, was der Markt zu bieten hat. Im Verzicht wird er frei. Mit einer heiteren Gelassenheit wird er die Schaufenster betrachten können, ohne eine Gier des »Besitzen-Wollens« zu verspüren.

Andererseits wird er sich aber auch ganz anders an den Dingen freuen können, die er sich gegönnt oder erworben hat. Fasten, Abstinenz und Askese können so gerade in einer Konsumgesellschaft, in der alles möglich zu sein scheint, helfen, echtes Genießen neu einzuüben. Wenn ich in der Fastenzeit auf Fleischgenuss verzichte, dann werde ich den Lammbraten an Ostern mit neu geweckten Sinnen verspeisen.

Freilich steht die Mäßigung bei dem, der im Übermaß konsumiert, nicht hoch im Kurs. Tatsächlich erreichen wir jedoch erst im Verzicht ein Maximum an Gewinn und innerer Freiheit. So werde ich eben nicht Opfer meiner Unmäßigkeit und Maßlosigkeit, sondern Gestalter meiner Freiheit. Das Maß zeigt sich in der Balance zwischen dem Zuviel und Zuwenig …

Das Maß sucht die heilsame Grenze, die jeder Einzelne für sich, aber auch eine Gesellschaft als Ganzes bestimmen muss. Maßvoll sein bedeutet also, seine Grenzen zu erkennen, sich Grenzen zu setzen und diese einzuhalten … Mit den eigenen Grenzen gilt es umgehen zu lernen, sie gleichsam mit einem Lächeln anzunehmen. Gerade auch dabei kann die Tugendlehre helfen, die weder ein Absolutum darstellen noch ein perfektes System liefern will. Sie bleibt immer ein Anfang, ein Versuch mit Höhen und Tiefen, zu denen auch die Fehler gehören. Die Tugenden wollen den Menschen ermuntern, trotz aller Begrenztheit und Fehlerhaftigkeit nicht aufzugeben.

Dieser ermutigende Ansatz findet sich auch in der »Regel Benedikts« … Mit der Zeit, so die Gewissheit des Mönchsvaters, weitet sich dabei das Herz. Er ist überzeugt davon, dass sich auf dem Weg der Tugend neue, ungeahnte Lebensperspektiven eröffnen werden. Freilich ist sich Benedikt auch bewusst, dass es auf der Suche nach dem Guten und Richtigen keine Patentrezepte gibt. Der Mönch bleibt Mensch mit seinen Stärken und Schwächen, mit seinen guten und schlechten Seiten. Es ist daher äußerst sympathisch und ermutigend, dass die Regel Benedikts nicht nur das Ideal beschreibt, wie die Mönche sein sollten, sondern auch die Wirklichkeit im Blick behält, wie der Mensch ist – gerade auch mit all seinen Mängeln und Missständen. In der Regel wird dazu die Formulierung »quod absit« – »was ferne sei« – verwendet. So kann es zum Beispiel in einem Kloster vorkommen, dass die ganze Gemeinschaft am Morgen verschläft oder dass die Mitbrüder einen Unwürdigen zum Abt wählen: Was ferne sei! Aber so etwas kann vorkommen, damals wie heute. Benedikt benennt die Missstände und versucht sie zu regeln, sodass sie nicht zur Resignation führen können.

Auch in unserem Leben werden uns bei allem guten Streben immer wieder Zustände und Dinge begegnen, die nicht ideal sind. Dann gilt es, nicht zu verzweifeln, sondern letztlich diese menschliche Begrenztheit anzunehmen. Dabei ist der Humor eine hilfreiche Grundhaltung. Etymologisch ist das Wort »Humor« mit dem lateinischen »humilitas« – »Demut« – verwandt. In diesem lateinischen Begriff steckt ja das Wörtchen »humus«, der Boden. Ein humorvoller Mensch ist ein demütiger und bodenständiger Mensch, weil er die Realität kennt, also mit beiden Beinen auf dem Boden der Wirklichkeit steht. Ihn kann so schnell nichts erschüttern, sondern er weiß seine und andere Schwächen mit einem Lächeln anzunehmen und zu ertragen.

Von der Erde lernen

Anton Rotzetter

Lass mich verbunden sein
mit der Erde
und mich nicht über sie erheben

Lass mich wissen
woher ich komme
wohin ich gehe

Ein Erdling bin ich
Lass mich von der Erde lernen
    die Sanftheit
    die Langsamkeit
    die Einfühlung

Die Kraft der Entschleunigung

Notker Wolf

Die Beschleunigung scheint keine Grenzen zu kennen. Unser Tempo kennt kein Stop. In einer Welt, in der alles vom Computer, rund um die Uhr, gemacht werden kann, sind nahezu alle Vorgänge flexibilisiert und immerzu beschleunigbar. Immer mehr Menschen haben daher keine vorgegebenen Zeitmuster mehr. Sie gewinnen damit nicht größere Freiheit, sondern verlieren ihre innere Ordnung.

Die Zeit gerät durcheinander. Nicht alles freilich geht immer schneller. Anlässlich seines 100. Geburtstags hat der Sozialethiker Oswald von Nell-Breuning seine Zeiterfahrung auf den Punkt gebracht. In den 1920er Jahren habe er von seiner Hochschule Sankt Georgen zum Frankfurter Hauptbahnhof 15 Minuten gebraucht, heute »nur« noch 25 Minuten.

Wir leben in unaufgelösten Widersprüchen. Durch die Beschleunigung kommen wir nicht aus der Zeitnot. Gerade in einer Zeit der Beschleunigung aller Lebensbereiche ist es notwendig, das Gespür für die kreative Kraft des Maßes und der Ruhe zu pflegen. Wir sind Gefangene des Tempos. Freiheit sieht anders aus.

Viele in ihrer Zeitnot getriebene Manager erfahren dies, wenn sie »auf Zeit« am Leben der Mönche teilnehmen: Das geordnete Miteinander von Gebet, Arbeit und geistlicher Lesung bietet die Möglichkeit, das eigene Leben deutlicher wahrzunehmen, die Weichen so zu stellen, dass es in die richtige Richtung verläuft.

Oder nehmen wir die Informationsgier – als Gier, sofort dabei zu sein und nichts zu verpassen. Man versucht alles gleichzeitig und auf einmal zu tun und gibt sich dabei doch auf. Wir haben SMS, E-Mails, Twitter, Facebook, wir sind online, skypen und mailen und haben doch ständig das Gefühl, das Entscheidende nicht mitzubekommen.

Eine Unmenge an Informationen steht zur Verfügung, stürmt auf uns ein, besetzt unser Gehirn. Das verursacht physischen Stress und seelische Schäden. Wer das auch nur einen Tag lang tut, so sagen die Hirnforscher, der lässt sich von den Informationen instrumentalisieren und ist nicht mehr Herr seiner selbst. Er verliert seine Kreativität, und letztlich auch seine Freiheit. Man wird süchtig nach Neuem – das ist auch der Kern der Neu-Gier – und gleichzeitig doch bloß zum Durchlauferhitzer von Informationen. Die Informationen passieren, ohne sich zu verankern. Wichtig ist auch hier: Grenzen setzen. Sein eigenes Maß finden. Ichstärke, das sagen auch die Gehirnforscher, entwickeln wir nur, wenn wir uns von dem Ansturm nicht überwältigen lassen: Wenn wir wirklich nicht bei jedem Klingeln des Telefons schon springen, sondern es klingeln lassen. Wenn wir nicht jede E-Mail sofort öffnen – auch wenn sie vielleicht erwartet wird …

In Österreich wurde kürzlich eine Untersuchung publiziert, derzufolge die Leute glauben, dass Mönche und Nonnen glücklicher und zufriedener sind als andere. Ob sie es tatsächlich sind, kann die Umfrage natürlich nicht sagen. Das entgegengesetzte Klischee bestand früher darin, zu sagen: Die Armen hinter den Mauern, die sind so unglücklich. Dieses Klischee ist heute nicht mehr so stark verbreitet. Mit der Natur in Einklang leben, sein Leben in einem geordneten Rhythmus, in einem naturnahen Maß vollziehen, das ist in der Wahrnehmung vieler Menschen offensichtlich ein Glückselement. Und manchen erscheint es geradezu als Luxus.

Maß hat immer auch mit Ordnung zu tun. Struktur entlastet den Alltag. Damit bin ich der ständigen Entscheidung entbunden, was jetzt zu tun ist. Ich weiß, ich gehe zu einer bestimmten Zeit in den Gottesdienst. Der Tag ist strukturiert, das rechte Maß ist vorgegeben. Der Tageslauf der Mönche ist ein gesunder Tageslauf. Es ist ein Rhythmus, der in sich schon beruhigt und zur inneren Ruhe führen kann. Sich selber auf ganz besondere Weise im Gleichklang, in Harmonie erleben …

Das Maß wächst einem auch zu. Durch das fortschreitende Alter etwa. So erfahre ich auch meine Grenzen, vor allem Grenzen der physischen Belastbarkeit. Wenn ich zwei Tage geflogen bin, dann spüre ich das zwei Tage lang. Allein schon das Kofferschleppen und der fehlende Schlaf … Wenn ich die Leute am Flughafen rennen und hetzen sehe, dann denke ich mir oft: Das könnte ich gar nicht mehr. Und füge gleich hinzu: Ich brauche es auch gar nicht mehr. Man kann auch aus der Not ein Glück – oder zumindest eine Tugend – machen: Indem man akzeptiert, was nicht zu ändern ist und in allem das richtige Maß zu erkennen – und danach zu leben sucht.

Der Seele Heimat geben

Angela Römer-Gerner

Wie bei allen Völkern, die von der Landwirtschaft leben, spielte bei den irischen Kelten und ihren Nachfahren, den christlichen Bauern und Fischern, das kosmische Zusammenspiel von Sonne und Mond eine große Rolle. Es bestimmt den Rhythmus für Tag und Nacht, für das Säen und Ernten, für das Arbeiten, Ruhen und Feiern. Uns sind unzählige Gebete und Segenswünsche überliefert, die die Menschen tagsüber und bei Anbruch der Nacht sprachen und die ihnen Halt und Geborgenheit im Verlauf des Jahres gaben. Ein Tagesanfang ohne Segen und Gebet war nicht denkbar. Vom Aufgang der Sonne bis zu ihrem Niedergang wurden die Kräfte der Natur als sichtbare und spürbare Zeichen göttlicher Gegenwart und Güte wahrgenommen und herbeigerufen.

Vor der Erfindung des elektrischen Lichtes waren die Menschen gezwungen, mit der Sonne zu gehen. Heute müssen wir uns selbst zwingen, auf das morgendliche Erwachen der Sonne und auf ihr langsames Untergehen am Abend zu achten, wenn wir wieder ein Gefühl bekommen wollen für den natürlichen Rhythmus von Tag und Nacht. Unser Tagesrhythmus geht nach der Uhr, unabhängig ob es schon hell oder bereits dunkel geworden ist. Wir sind anpassungsfähig geworden und haben dadurch viel gewonnen. Wir haben aber auch viel verloren: das Eingebettetsein in den Rhythmus der Natur und der Jahreszeiten. Das aufmerksame Erleben von Werden, Vergehen und Neuwerden ermöglicht ein Bewusstsein unserer Zugehörigkeit zu dieser Welt mit ihren unverwechselbaren Rhythmen. Es lässt uns unsere Endlichkeit wahrnehmen und etwas von der Unendlichkeit ahnen.

Um mich auf die Vergänglichkeit der Schöpfung und die eigene Endlichkeit einzustimmen, versuche ich manchmal Folgendes: Ich werfe die Rose oder die Sonnenblume in der Vase nicht schon dann weg, wenn die Blüten welk geworden sind und abfallen. Ich mute mir zu, nicht nur das Blühen der Blume, sondern auch ihr langsames Vergehen in mich aufzunehmen. Auch darin liegt Schönheit: in den Blättern der Rose auf dem Tisch oder in der braun gewordenen Sonnenblume. *Van Gogh* hat neben den vielen Sonnenblumen in voller Blüte auch ein nicht weniger eindrückliches Bild einer bereits verblühten Blume gemalt.

Von meiner Mutter habe ich gelernt, dass Ferientage uns Gelegenheit geben, für einige Zeit ohne elektrisches Licht auszukommen, um diese geheimnisvolle Zeit der Dämmerung, des Übergangs von Tag und Nacht, bewusst zu erleben. Dabei ahnen wir, dass uns auch in diesen Zeiten nur ein dünner Schleier von der unbekannten anderen Welt trennt. So können wir üben, die Hände in den Schoß zu legen und einfach nur zu schauen. Ich unterscheide das Schauen vom Sehen: Beim Sehen muss ich aktiv wahrnehmen, vielleicht sogar die Augen ein wenig zusammenkneifen und mich anstrengen, um alles mitzubekommen. Wenn ich hingegen schauen will, muss ich mich entspannen und meine Augen weich werden lassen, weich und milde. Sanfte Augen wollen nichts ergreifen, nichts Besonderes entdecken und analysieren, sondern einfach das, was ist, aufnehmen.

Ähnlich verhält es sich mit dem Horchen und dem Lauschen. Beim Horchen muss ich ganz genau hinhören und mich nach dem, was da tönt, ausstrecken. Wenn ich dagegen lausche, dann lasse ich mich ein, öffne mich für das, was klingt oder redet, und nehme vielleicht sogar wahr, was hinter den Worten und Tönen verborgen liegt.

Dann lausche ich auf das Lied, das in den Dingen schläft. Und wenn gar nichts mehr zu hören ist, dann lausche ich auf die Stille.

Lebensmelodie

Rainer Haak

Ich bin davon überzeugt, dass es für jeden Menschen die Melodie seines Lebens gibt, auch für mich. Ich finde sie in versteckten Räumen in meinem Innern, in den Träumen und Sehnsüchten, in tiefen Begegnungen und wichtigen Erfahrungen. Ich höre sie manchmal bei einer aufregenden Wanderung hoch oben in den Bergen, am Krankenbett bei einer guten Freundin, spät abends bei einer intensiven Arbeit, beim Lachen, beim Lieben, beim Hoffen und Teilen … Wenn ich sie höre, dann weiß ich: Jetzt lebe ich wirklich. Ich habe für einen Augenblick aufgehört, meiner Angst zu gehorchen. Wenn ich sie höre und zulasse, dass sich der Klang in mir ausbreitet, dann weiß ich: Jetzt bin ich endlich dabei, meinen eigenen, persönlichen Weg zu gehen. Die Melodie des Lebens zeigt mir, dass es mehr gibt als Arbeit und Routine, als Essen und Konsumieren. Ich spüre wieder einmal, wie lebendig ich bin. Wahrscheinlich höre ich die Melodie des Lebens vor allem dann, wenn ich mir Zeit für meine Seele nehme und zur Ruhe komme.

Das Eine und das Andere

Andrea Schwarz

Immer dort, wo Menschen ins Chaos geraten, kann es hilfreich sein, die ordnenden Elemente zu stärken und zu stabilisieren, wie zum Beispiel der geregelte Tagesablauf im Krankenhaus, die Rituale angesichts des Todes, die Verlässlichkeit von Freunden. Und das gilt auch für all die kleinen Chaos-Situationen im Leben, die ordnende Elemente brauchen …

Aber es gilt auch andersherum: Wenn mein Leben sehr strukturiert und geordnet ist, dann tun mir »chaotisierende« Elemente gut, dann brauche ich mal das ganz Andere, Neue und Ungewohnte, das meine Ordnung ein bisschen »durcheinanderbringt«. Denn eine Ordnung, die immer nur bleibt, wie sie ist, kann sich verfestigen und so starr werden, dass das, was ursprünglich einmal als Hilfe gedacht war, zum Zwang werden kann. Intuitiv machen das viele genau so … man nimmt sich etwas »Außergewöhnliches« vor, plant ein Abendessen in einem besonderen Restaurant, kauft sich etwas ganz Schräges und Ausgefallenes zum Anziehen und probiert das neue Käsekuchenrezept in der Regel dann aus, wenn Besuch kommt. Ein bisschen Reiz und Prickeln darf gelegentlich schon mal sein …

Vielleicht ist klar geworden, dass es nicht um Chaos oder Ordnung gehen kann, dass die beiden Pole nicht »Gegenspieler«, sondern »Zusammenspieler« sind. Das eine folgt auf das jeweils andere – und beide ergänzen und brauchen sich … Die Art und Weise, wie Chaos und Ordnung sich aufeinander beziehen, kann man auf alle anderen »Spannungspaare« übertragen – zum einen folgen sie zeitlich aufeinander, zum anderen brauchen sie sich gegenseitig, um in eine Balance, in ein Gleichgewicht zu kommen. Und genau das ist der Grund, warum nicht das »oder« zwischen die beiden Pole als »Verhältniswort« gehört, sondern das »und«.

»Ora et labora« wird die Lebensregel der Benediktinermönche zusammengefasst: »beten und arbeiten«. … Und im Thomasevangelium – ein »apokrypher« Text, also eine frühen Schriften des Christentums, die nicht in die »offizielle« Bibel aufgenommen wurden – steht folgende Aussage Jesu: »Wenn ihr gefragt werdet, was ist das Zeichen des Vaters an euch, dann sagt ihnen, es ist Bewegung und Ruhe« (Logion 50). Ja, manchmal mag es eine Zeit für das Eine geben (vgl. Kohelet 3), und das Andere hat fast keinen Raum, keinen Platz mehr – mag sein, da ist so viel zu tun, dass man fast nicht mehr zum Beten kommt, dann wieder, vielleicht in Exerzitien, gibt es die Zeit des Gebets.

Viel häufiger aber mag es einem ergehen, wie *Goethe* es in seinem »Faust I« schreibt: »Zwei Seelen wohnen, ach! in meiner Brust!« Obwohl ich einen Menschen sehr liebe, sehne ich mich auch nach Zeit für mich. Ich träume vom Aufbruch – und will doch die Sicherheit. Ich würde gerne genießen – und sollte doch gesund leben … Die »beiden Seelen« in meiner Brust darf es durchaus geben – ich muss mich nicht jetzt und für immer für das Eine oder Andere entscheiden. Aber eingeladen bin ich durchaus zu schauen, was im Moment eher gelebt werden sollte, für was es an der Zeit ist.

das eine
und
das andere

sekundenlang

im unterwegs-sein
von heimat träumen
im zuhause-sein
vom aufbruch

und

so bleibe ich

auf meinem weg

Aufblühen

Einssein mit der Schöpfung

Weiter nichts …
ein wenig Sonne
ein kleiner Luftzug
ein paar Bäume, die die Entfernung einrahmen
der Wunsch glücklich zu sein

Fernando Pessoa

Bäume erleben

Margot Käßmann

Als ich mit meiner Mutter zu ihrem fünfundsiebzigsten Geburtstag in die Heimat nach Hinterpommern fuhr, berührte mich, wie sie die Bäume ihrer Kindheit eher wiedererkannte als alles andere. Das war ihr wichtig: Diese Bäume hatten Krieg und Vertreibung der Menschen überstanden und grüßten sie von früher her.

Ob wir Bäume so lieben, weil sie Wurzeln haben und uns Wurzeln geben? Warum umarmt ein Mensch einen Baum? Weil er Verlässlichkeit zeigt über Jahrzehnte und Jahrhunderte hinweg? *Martin Luther* wird nachgesagt: Er habe noch heute ein Apfelbäumchen pflanzen wollen, wenn er gewusst hätte, morgen sterben zu müssen. Das ist ein wunderbarer Gedanke.

Vielleicht ist es dieses Überdauern, das uns so fasziniert: Bäume leuchten uns nicht nur aus der Kindheit, sondern erzählen auch von den Generationen vor uns, die sie gepflanzt haben, hier in ihrem Schatten saßen, dort eine Liebe in die Rinde ritzten. Viele Bäume, die wir kennen und die uns kennen, werden noch stehen, wenn wir gestorben sind. Und die Bäume, die wir pflanzen, werden unsere Lebenszeit in der Regel überdauern. So sind sie Botschafter über Generationengrenzen hinweg. Symbole von Standhaftigkeit auch. Und manchmal möchten wir sie am liebsten umarmen.

»Der Wald steht schwarz und schweiget« – oft kommt mir diese Liedzeile in den Sinn, oft habe ich meinen Kindern das Abendlied von *Matthias Claudius* vorgesungen. Dabei steht er ja gar nicht immer so still!

Der Wald kann rauschen. Er kann dunkel sein und ängstigen. Er kann den Wind spielen lassen mit seinen Blättern und die Sonne mit den Farben und schlicht Freude auslösen. Der weiche Boden kann federn unter unseren Füßen.

Wie schön ist es, Wald zu erleben! Bei einem Spaziergang sagte meine jüngste Tochter neulich: »Ich war so lange nicht im Wald, das habe ich richtig vermisst.« Abitur, Umzug, Studienbeginn hatten sie völlig in Beschlag genommen. Ein Waldspaziergang ist wunderbar. Weil er die Möglichkeit gibt zum Reden und zum Schweigen; zwei können sich an die Hand nehmen oder einer an der Schulter des andern weinen.

Die Bäume haben schon so vieles gesehen. Sie werden auch diese Freude, Liebe und den Schmerz in ihre majestätische Haltung mit aufnehmen.

Das Rauschen der Blätter, das Rascheln seiner Bewohner, die Größe, die verwirren kann und nach Wegen suchen lässt, sie machen den Wald immer noch zum Ort des Staunens, des Erhabenen. Den Wald haben wir nicht »im Griff«. Er lehrt uns Gerüche und neue Wahrnehmungen, regt unsere Sinne an. Waldkindergärten haben offensichtlich eine heilsame Wirkung. Als Erwachsene können wir so etwas auch brauchen: um Natur zu erleben nicht als künstlich angelegte Welt oder handtuchbreiten Park, sondern im Großen, abseits der Häuser und der Glitzerwelt.

Bitte

Hilde Domin

Wir werden eingetaucht
und mit dem Wasser der Sintflut gewaschen,
wir werden durchnäßt
bis auf die Herzhaut.
Der Wunsch nach der Landschaft
diesseits der Tränengrenze
taugt nicht,
der Wunsch, den Blütenfrühling zu halten,
der Wunsch, verschont zu bleiben,
taugt nicht.
Es taugt die Bitte,
daß bei Sonnenaufgang die Taube
den Zweig vom Ölbaum bringe.
Daß die Frucht so bunt wie die Blüte sei,
daß noch die Blätter der Rose am Boden
eine leuchtende Krone bilden.
Und daß wir aus der Flut,
daß wir aus der Löwengrube und dem feurigen Ofen
immer versehrter und immer heiler
stets von neuem
zu uns selbst entlassen werden.

Die Lebenskraft der Natur

Anselm Grün

Viele Menschen kommen in der Natur mit ihrer inneren Quelle in Berührung. Warum? Für mich hat das vor allem zwei Gründe: Zum einen erlebe ich die Lebenskraft der Natur. Die ganze Schöpfung ist durchdrungen vom Geist Gottes, von einer unbändigen Lebenskraft. Wenn wir im Frühling durch die Wiesen und Felder und Wälder wandern, dann strömt uns überall Lebendigkeit entgegen. Diese Lebendigkeit, diese Lebenskraft, die die Natur zum Blühen bringt, ist auch in uns. Indem wir bewusst durch die Natur wandern, haben wir Anteil an dieser Lebenskraft. Wir spüren, dass wir nicht ausgebrannt oder innerlich vertrocknet sind. Dieses Leben, das wir um uns herum sehen, regt sich auch in uns. Die Sonne, die uns bescheint, bringt uns in Berührung mit der inneren Glut. Der Wind treibt alle Müdigkeit und alles Verstaubte aus uns heraus. Das Wasser des Flusses oder des Sees, an den wir uns setzen, wirkt heilend und belebend auf uns. Ich kenne viele Menschen, die das Sitzen an einem See erfrischt. Sie schauen auf die Stille des Wassers und kommen mit ihrer eigenen Seele in Berührung. Unser deutsches Wort Seele hängt ja mit dem Wort See herkunftsmäßig zusammen. Menschen beobachten die Wellen und haben das Gefühl, dass sie alles Trübe in ihnen reinigen. Das Wasser wirkt beruhigend auf sie. Aber es birgt auch die Verheißung, dass auch in ihnen ein Wasserstrom ist, der nie versiegt, weil er aus der Unendlichkeit Gottes kommt.

Einen zweiten Grund, warum Menschen in der Natur mit ihrer inneren Quelle in Berührung kommen, sehe ich darin, dass die Natur nicht bewertet. Bei vielen Gesprächen erlebe ich, dass die meisten Menschen alles, was sie in sich spüren, was sie denken, was sie tun, bewerten. Sie sprechen von ihrer Angst. Sofort bewerten sie ihre Angst als krankhaft. Sie sprechen von ihrem Burnout und von ihren depressiven Gefühlen. Und sofort bewerten sie das als krankhaft, oder sie verurteilen sich deswegen. Sie sagen: »Eigentlich hätte ich gar keinen Grund, erschöpft zu sein. Ich habe eine gute Familie, und auch meine Arbeit macht mir eigentlich Spaß. Ich weiß gar nicht, woher mein Burnout kommt. Vielleicht bin ich zu schwach. Vielleicht habe ich zu viel verdrängt.« Und je mehr sie in sich selbst nach Ursachen bohren und je mehr sie ihre Erschöpfung bewerten, desto fester klebt sie an ihnen, desto weniger werden sie frei davon. Alles, was ich in mir abwerte, bleibt an mir hängen.

Die Natur bewertet nicht. Da darf ich einfach sein, wie ich bin. Und so kann ich ausruhen und mit meiner inneren Quelle in Berührung kommen. Wenn ich jedoch auf einer Bank am Waldrand sitze und dabei ständig nachgrüble, was ich alles verkehrt gemacht habe und warum ich in diesen schlimmen Zustand geraten bin, dann werde ich mich nicht erholen. Ich schneide mich selbst durch mein Bewerten und Beurteilen von meiner inneren Quelle ab. Ich kann mich aber auch auf eine Bank setzen und einfach die Natur genießen: den Wind spüren, der um mein Gesicht streicht, mich zärtlich streichelt, die Sonne fühlen, die mich bescheint, das Zirpen der Grillen hören und das Singen der Vögel. Dann fühle ich mich geborgen. Die Natur hat etwas Mütterliches. Ich fühle mich von Mutter Natur getragen, geborgen und genährt.

Für viele ist es heilsam, sich in der Natur einfach ruhig niederzulassen und das Leben um sich herum zu genießen. Andere dagegen kommen mit ihrer Quelle in Berührung, wenn sie in der Natur wandern oder wenn sie bergsteigen. Dabei strengen sie sich an. Sie wandern lange, sie schwitzen beim Bergsteigen. Man könnte meinen, die Anstrengung würde sie eher erschöpfen. Aber es entsteht eine gute Müdigkeit, in der sie sich selbst spüren. Und in dieser Müdigkeit vergessen sie die innere Zerrissenheit, die das Kennzeichen des Burnout ist. Sie spüren sich selbst. Und wenn sie sich selbst spüren, wenn sie sich im Leib spüren und die Müdigkeit genießen, dann fühlen sie sich trotz aller Müdigkeit innerlich erfrischt. Sie kommen in Berührung mit ihrer inneren Quelle. Sie fühlen sich auf einmal eins mit sich selbst, eins mit der Natur um sie herum, eins mit den Mitwanderern und Mitbergsteigern. Eine ähnliche Erfahrung ist übrigens auch in der Gartenarbeit möglich.

Wo die Seele aufblüht

Doris Bewernitz

Ich habe eine Frau gekannt, die von morgens bis abends nichts anderes tat, als Unkraut auszureißen und dabei vor sich hin zu schimpfen. Es war, als führe sie einen Krieg. Ihr Feind war die Natur. Kaum tauchte ein Stück Moos in ihrem Rasen auf, schon begann sie, dieses auszurupfen, kaum zeigten sich ein paar gezackte Löwenzahnblätter, griff sie zu einer harpunenartigen Grabesgabel und stach diese mitsamt der Wurzel aus, kaum wuchs eine wilde Kamille auf ihrer Terrasse, holte sie ein schreckliches Gerät hervor, schloss einen Schlauch an eine Gasflasche an und richtete eine Flamme auf sämtliche Terrassenfugen. Selbstverständlich hatte auf ihren Gemüsebeeten kein Klee, kein Vergissmeinnicht, kein Hahnenfuß, Schöllkraut oder wilder Mohn etwas zu suchen. Ihr Garten glich einem frisch geputzten Zimmer und sie war stolz darauf, dass alles seine Ordnung hatte.

Dieser Garten lag neben dem meiner Mutter. Als Kind machte ich instinktiv einen Bogen um ihn, denn die Frau guckte immer irgendwie grimmig. Sie hatte eine steile Falte auf der Stirn, vor der ich mich ebenso fürchtete wie vor ihrem Flammenwerfer.

Wie unterschiedlich Gärtnerinnen und Gärtner als einzelne Menschen auch sein mögen, eines haben sie gemeinsam: Sie entscheiden über das Verhältnis von Wildnis und Kultur in ihrem Garten. Und an diesem Punkt gehen die Meinungen tatsächlich sehr auseinander. Der eine meint, die Natur werde es schon besorgen, irgendetwas wächst ja immer, und ein Garten sei dazu da, der verlorengegangenen Wildnis wenigstens auf dreihundert Quadratmetern wieder eine Chance zu geben. Praktisch an dieser Haltung ist, dass sie keine Mühe macht und keinen Muskelkater auslöst. Höchstens Ärger, mit den Gartennachbarn nämlich, die das anders sehen. Manche haben eben ein Problem damit, wenn die Samen von Brennnessel, Goldregen oder Weidenröschen scharenweise über den Zaun geweht werden oder wenn Giersch und Quecke sich aufmachen, unter dem Zaun hindurchzuwachsen und die Rosen- oder Gemüsebeete flächendeckend zu erobern. Dann beschweren sie sich bei ihren Wildnis liebenden Nachbarn. Und hören dann, deren Garten sei ein Ökogarten und Giersch ein sehr gesunder Frühjahrssalat. Und schon ist der Ärger da. Man wirft sich auf der einen Seite Faulheit vor, auf der anderen Seite Kleingeist und Rasenmähermanie …

Bevor ich einen eigenen Garten hatte, hätte ich mir tatsächlich nicht träumen lassen, mit welcher Geschwindigkeit Wildpflanzen wachsen und vor allem, wie schnell und wie üppig sie sich vermehren. Einerseits möchte ich ja schon eigene Gestaltungsideen durchsetzen, andererseits will ich nicht zum Sklaven des Gartens werden und den ganzen Tag darum kämpfen, dass die Rosen, Stauden und Salatköpfe, die ich haben möchte, die Invasion von Quecke und Ahorn überleben. Man kann es nun als brutal ansehen, dass ich daumengroße Ahornbäumchen auszupfe, sobald ich sie entdecke, immerhin könnten das wunderschöne Bäume werden, und haben wir davon nicht immer zu wenig? Bedenkt man aber, dass es pro Saison ungefähr tausend solcher Bäumlinge sind, die ich entferne, wird klar, wie der Garten in ein paar Jahren aussähe, wenn ich es nicht täte.

Auf der anderen Seite wachsen manche Wildpflanzen, die ich gern hätte, partout nicht in meinem Garten. Zum Beispiel liebe ich Adonisröschen über alles. Ich habe mir Samen besorgt, ich habe Pflanzen in speziellen Wildpflanzenhandlungen gekauft und sie gesetzt, doch sie blieben nicht da. Irgendwann gab ich es auf und sah ein, dass ich ihnen wohl nicht die geeigneten Bedingungen bieten konnte.

Was Natur und was Kultur, was wild und was erwünscht, hängt also schon sehr vom Betrachter ab. Selbst auf den Begriff Unkraut kann man sich nicht mehr verlassen. Auch unser Getreide wurde einst als Unkraut angesehen. Andererseits gibt es Pflanzen wie den Giersch, die so raumeinnehmend sind, dass ich beim ersten Auftreten radikal dagegen vorgehe. Eine Freundin von mir, die einmal einen vergierschten Garten übernahm und vier Jahre lang mit den verschiedensten Methoden versuchte, den Giersch zu entfernen, weil sie auch mal was anderes anbauen wollte, wandte sich schließlich an einen Fachmann und fragte ihn, was sie denn noch tun könnte. Ob es überhaupt eine Lösung gäbe. Ja, sagte der, die gäbe es. Sie solle sich einen neuen Garten suchen.

Beim Giersch ist es also eindeutig. Aber wird der Sellerie, den ich gesät habe, von einer Handvoll sich ausbreitender Wild-Akeleien bedroht? Stören sich meine Rosen an den Vergissmeinnicht-Wolken, die sich im Mai um sie herum erheben. Sind Fingerhut, Waldmeister, Kamille oder Klatschmohn, die bei mir von allein wachsen, Unkräuter oder nicht? Ich kann natürlich alle sich selbst aussäenden Wildpflanzen zu Unkräutern erklären, sie ausreißen, ich kann einen endlosen Kampf gegen die Natur führen und mir anschließend gratulieren, dass in meinem Garten nur das wächst, was ich will. Doch abgesehen von einer zermürbenden Sisyphusarbeit wird diese Haltung auf Dauer etwas mit mir tun. Je mehr ich außen erbittert und verbittert etwas bekämpfe, umso mehr Hass wird sich in mir ansammeln. Da ich nur noch Unkräuter suche, um sie auszureißen, werde ich irgendwann nur noch Unkräuter erblicken. Ich werde mir das Schönste nehmen, was ein Garten zu bieten hat. Ich werde weder Zeit noch Muße haben, mich in der Freundlichkeit des Vergissmeinnicht, der Schönheit der Akelei oder dem Duft des Waldmeisters zu verlieren ...

Natürlich wollen wir als Menschen gestaltend tätig sein. Und ein Garten ist gestaltete Natur ... Für meine grüne Seele gibt es in meinem Garten aber eine Ecke, in der ich nichts tue. Dort kommen kein Spaten, keine Hacke und keine Samentüte hin. Es ist eine Ecke neben der Dusche, ein recht schattiger, unwirtlicher Platz. Dort wuchs nichts, was ich aussäte. Irgendwann entschied ich, der Natur dort ihren Lauf zu lassen, nichts mehr zu tun und nur noch zu beobachten, was passiert. In diesem Frühjahr schoben sich dort plötzlich einige kleine Spitzen aus der Erde. Zuerst dachte ich, es werden die üblichen Ahornbäume. Doch dann fiederten sich die Blätter immer mehr auf und kleine gelbe Blüten erschienen. Es waren Adonisröschen.

Knospen und Blühen

Pierre Stutz

Wenn ich im Februar und März wochenlang an kahlen Sträuchern und Bäumen vorbeigehe, die oft wie abgestorben aussehen, dann ertappe ich mich bei dem hoffnungslosen Gedanken, dass dieses Jahr vielleicht nichts Neues wachsen wird. Ich werde konfrontiert mit meiner Ungeduld. Denn ich weiß ja: Obwohl sich im Inneren der Knospen ganz viel tut, obwohl sich in größter Langsamkeit höchste Aktivität ereignet, ist nach außen ganz lange nur das Kahle, Erstarrte, scheinbar Leblose sichtbar. Dass das bei den Pflanzen so ist, lässt mich anders auch mit mir, mit den andern umgehen, gerade in Zeiten der Krankheit, der Neuorientierung, der Arbeitssuche, bei der Begleitung von Kindern und Jugendlichen in Umbruchzeiten.

Das Wunder des Frühlings

Manchmal kann es sehr lange dauern, bis die »Knospen« sich bei jemandem auftun, bis der »Knopf aufgeht«. Wenn ich dann schließlich im Vorbeigehen die ersten kleinen grünen Blätter entdecke und die Knospen meditiere, die ganz unscheinbar und doch schon voll innerer Lebenskraft sind, dann staune ich jedes Jahr voll tiefer Dankbarkeit ... Ich erlebe das große Wunder des Frühlings, des Neuaufbruchs. Ich stehe da zwischen Erde und Himmel, atme tief ein und aus und verinnerliche das Geheimnis des Sterbens und Werdens. In solchen Momenten ist mir jedes Wort zu viel, ich bin einfach da und staune und danke und bin berührt vom Geschenk des Lebens.

Dieser unscheinbare und großartige Vorgang in der Schöpfung lässt mich fragen, wo und wie ich das neue aufkeimende Leben in mir und in meinen Beziehungen und in politischen Neuaufbrüchen wahrnehme, unterstütze, hege und pflege? … Knospen konfrontieren mich mit der Frage nach der Hoffnung in meinem Leben: Wer nährt meine Hoffnung? Wie kann ich Widerstand leisten, damit all die vielen Hoffnungsansätze, die oft auch in Nebensätzen ausgedrückt werden, nicht durch Resignation und Apathie im Keim erstickt werden? Welche lebensbejahenden und lebensfördernden Sätze stärken mein Vertrauen in ein neues Wachsen und Reifen im Leben?

Hoffnungsbilder

Ganz warm wird mir ums Herz, wenn ich die Blütenpracht im Frühling erlebe. Intensivstes Leben erwacht da in eindrücklichen Bildern voller Gegensätze: ein blühender Kirschbaum auf einem noch sehr kahlen Feld, Apfelblüten auf zartgrünen Wiesen. Es sind solche Bilder und Eindrücke, die in mir eine große Toleranz fördern, einen respektvollen Umgang mit den Gegensätzen, die unsere Welt reich und schön machen. Die frühen Schlehenblüten, die die schwarzen Zweige und manchmal eine ganze Landschaft erhellen, verdeutlichen in mir, was wirkliches Glück ist. Es liegt paradoxerweise in der

Annahme, dass mir im Leben immer Glück – und Unglück begegnen werden.

Ich sauge diese Wachstumsbilder regelrecht auf in mir, denn sie erinnern mich an all die Situationen im Leben, in denen ich erlebte, dass Menschen aufgeblüht sind. Was gibt es Schöneres im Zusammensein, als wenn Menschen mit ängstlichen, misstrauischen, bedrückten Gesichtern und gekrümmter Haltung aufblühen – dank einer Atmosphäre des Vertrauens und der gegenseitigen Anerkennung in der Verschiedenheit? Angesichts der frühlingshaften Blütenpracht kann ich dem Leben zulachen und voller Dankbarkeit die ganze spielerische Kreativität und die unermessliche Fantasie der Schöpfung genießen. All dies wird mir zum Sinnbild jener mystischen Lebensgestaltung, die den Menschen nicht von seinen Mängeln her definiert, sondern von seinem unerschöpflichen Potenzial an gestalterischer Kreativität. Im Anfang war nicht die Ursünde, sondern der Ursegen: Diese Annahme ist für mich entscheidend im Umgang mit mir und meinen Mitmenschen. Sie lässt mich unermüdlich an das Gute im Menschen glauben, an sein Verwandlungspotenzial, seine Fähigkeit, bis zur letzten Sekunde seines Lebens immer wieder neu angerührt zu werden von einem tiefen Staunen, das trotz Gebrechlichkeit, Fehlern und Schattenseiten zum wohltuenden Aufblühen, zur Entfaltung bewegt.

An den Ursegen glauben heißt auch, zum Widerstand aufrufen, um den Spiel-Raum, das Spielerische im Leben, in unseren Beziehungen, in Familie und Berufsalltag wieder bewusster wahrzunehmen und zu kultivieren.

Ich begegne Tag für Tag den großen Wundern, die so unscheinbar und so kraftvoll von der Großzügigkeit, der Verletzlichkeit und der Kraft des Lebens erzählen. Ich denke dabei an die Blüten, die von einem rauen Wind zerzaust und abgerissen werden können, und zugleich an den zärtlichen Blütenregen, der vom Verschwenderischen der Schöpfungskraft erzählt. Eine Spiritualität des Staunens über das Wunder des neuen Aufblühens und des Loslassens auch dessen, was uns kostbar ist, gelingt, wenn wir uns nicht von einer geizigen Haben-Mentalität gefangen halten lassen, sondern vermehrt aus dem Sein leben. Offen großzügig und immer verletzlich.

Unsere Welt braucht dringend mehr Frauen und Männer, die sich selber finden und die sich vom Leben finden lassen, damit sie ihre geschenkten Gaben zum Blühen bringen können und dadurch selbstbewusster und selbstloser im Leben stehen.

Der Duft der Dinge

Schwester Gisela Ibele

Von meiner Mutter habe ich gelernt, aus jungen Blättern der Brennnessel ein Gemüse zu kochen. Früher war die Vorstellung, Unkraut zu essen, eher unangenehm und peinlich. Heute genieße ich diese Köstlichkeit auf dem Mittagstisch. Brennnessel bringt im Frühjahr Körper und Geist in Schwung, reinigt das Blut und regt den Stoffwechsel an. Auch als Tee ist das Kraut aller Ehre wert. Ihren typischen und aufdringlichen Duft verbreitet es, sobald es mit dem Lebenselixier Wasser in Berührung kommt. Das gesunde Wildgemüse ist des Lobes wert, auch dann noch, wenn es beim Pflücken heftig brennt. Sein Vorteil: Es wächst besonders gern in der Nähe der Menschen, in Zier- oder Gemüsegärten, auf der penibel sterilen grünen Wiese und überall dort, wo wir das Kraut am liebsten verwünschen würden.

Duft- und Kräutergärten sind beliebt geworden und laden zur Erholung und zur Therapie ein. Auch außerhalb des kirchlichen Raumes gibt es Orte, an denen Düfte zum Fest werden. Ein klassischer Kräutergarten, wie es die klösterlichen Traditionen schon seit Langem pflegen, ist kreuzförmig angelegt.

Die vier Elemente

In rechteckigen Anlagen wird die naturgesetzliche Ordnung sicht- und spürbar gemacht. Das Rechteck entspricht der Schöpfungszahl Vier und symbolisiert die vier Himmelsrichtungen, die vier Elemente und damit vier elementare Verhaltensweisen des Menschen:

- Osten – Feuer: Selbstbehauptung, Dynamik, Aggression, nach außen gerichtet. Duft: *Rosmarin.*
- Süden – Luft: Geistige Beweglichkeit, Aufnahme von Wissen, Bewusstsein, Helligkeit. Duft: *Bergamotte.*
- Westen – Wasser: Gefühl, annehmen und loslassen können, Liebe. Duft: *Geranium.*
- Norden – Erde: Was uns trägt und stützt, aber auch hemmen und belasten kann, die Verwirklichung. Duft: *Patschuli.*

Unter den Düften entspricht *Rosmarin* dem *Feuer.* Es stärkt die Ich-Kräfte und den Willen, verbessert die Durchblutung, stärkt den Kreislauf und aktiviert den ganzen Körper. Feuer beinhaltet eine ausstrahlende Kraft, einen enthusiastischen Aufschwung, der durch seine Ausstrahlung Farbe in die Welt bringt. Feuer steht für Verwandlung und bezeichnet einen Zustand. Man spricht vom »Feuer der Erkenntnis«, von »Erleuchtung«. Mose erkennt Gott im »brennenden Dornbusch«, und die Jünger Jesu erfahren Pfingsten, die »Feuerzungen« als Geist Gottes.

Bergamotte, eine Zitrusfrucht, belebt, hellt innerlich auf, hilft bei Ängsten und Depressionen. Sie ist der *Luft* zugeordnet. Alle Zitrusfrüchte erinnern an den Sommer, die Freude und das Licht. Das Element Luft ist die Beweglichkeit des Geistes, die mit jedem Atemzug in uns einzieht und uns wieder entlässt. Luft verbindet uns alle. Sie versinnbildlicht die Distanz zur harten Realität.

Geranium gehört zum Westen. Geranien sind mit rund 380 bis 430 Arten die artenreichste Gattung der Storchenschnabelgewächse. Sie werden seit dem 16. Jahrhundert kultiviert und entsprechen dem seelischen Element *Wasser.* »Dass unser Körper ein gebildeter Fluss ist, ist wohl nicht zu bezweifeln« (Novalis, Fragmente). Das Wasser ist das wesentlichste Element allen Lebendigen, es hält sich von einer Eigenform zurück. *Franziskus von Assisi* spricht von der Demut des Wassers und von seiner Transparenz für das Leben. Alles Lebende ist aus dem Wasser geboren, der gesamte Stoffwechsel ist ohne Wasser undenkbar. Pfarrer *Sebastian Kneipp* hat Menschen mit seinen Wasserkuren geheilt, und in der spirituellen Welt ist Wasser Symbol für Tod und Leben.

Patschuli, ein Lippenblütler mit 40 bis 90 verschiedenen Arten, verströmt den stärksten Geruch im Pflanzenreich und gehört zum Element *Erde.* Die Lippenblütler tragen die vitalen Erdkräfte in sich und laden unsere Energiezentren auf. Der Schöpfungsbericht erzählt von der Erschaffung des Menschen aus Erde, sie ist die Basis, auf der wir ruhen und stehen, gehen und leben. Wir haben zu ihr ein handgreifliches Verhältnis, sie erzieht zu Realitätsbewusstsein. »Materie« kommt vom lateinischen Wort *mater* für »Mutter«. Mutter Erde schenkt uns Sicherheit, Verbundenheit, Beharrlichkeit, sie ernährt und baut auf.

Rosenduft

Ich gönne mir heute eine *Rose.* Entweder kaufe ich mir eine – einfach so, weil der heutige Tag meines Lebens des Feierns würdig ist! – oder aber ich möchte vielleicht ganz mutig sein und einen lieben Menschen bitten, mir eine Rose zu schenken!

Die nächsten zehn Minuten mache ich mir zum Geschenk und betrachte das Wunderwerk der Rose in meiner Hand. Ich achte darauf, dass ich entspannt sitze, mich nicht ablenken lasse von störenden Geräuschen, Gerüchen, Aufgaben. Für einen kurzen Moment schließe ich meine Augen und betaste die Rose vorsichtig mit meinen Händen, meinen Fingern, meinem Fingerspitzengefühl. Ich spüre die Zerbrechlichkeit des Lebens. Kann ich mir ein inneres Bild meiner Rose machen? Ich frage mich: Woher kommt sie? In welchem Land, an welchem Ort wuchs sie der Sonne entgegen? Wie viel Liter Wasser hat sie in sich verwandelt, wie viel Sauerstoff über die grünen Blätter der Erde geschenkt? So wie ich jetzt die Rose vorsichtig streichle, hat sie zuvor Mutter Erde mit dem Wind zärtlich berührt …

Bevor ich die Blüte entdecke, verweile ich beim Stängel. Die Dornen sind fest und sinnvoll. Kann ich ihren Sinn erahnen? Was Tieren und auch Menschen Schmerz bereitet, dient der Rose zum Schutz … Die Aufrichtigkeit des Stängels fasziniert mich. Goethe beschreibt das Wachsen der Pflanzen als Bild für unser eigenes Menschsein. Die Rose weitet sich im Blatt, zieht sich im Stängel zusammen und bringt in der Blüte die Frucht hervor. Er erkennt in der Blüte die Vereinigung von horizontal und vertikal, der beiden Polaritäten des Lebens.

Ich stelle mir vor, dass die Rose atmet. In jedem Atemzug weitet sie sich in das Blattwerk hinein, und beim Ausatmen zieht sie sich im Stängel zusammen, um der Blüte und der Frucht Platz zu machen. Die Frucht ist verborgen und von einer stabilen Mitte gehalten. Die Mitte ist das Zentrum, auf das hin die Blüte geordnet ist und die Fruchtbarkeit erwächst.

Ich stelle mir vor, dass auch ich eine Rose bin. Eine Rose im Garten der Schöpfung. Eine Rose im Garten meiner Freunde, meiner Familie. Ich kann mich weiten – mit meinen Armen, mit der Beweglichkeit meines Geistes, mit der Hinwendung zum Mitmenschen. Ich kann mich strecken, indem ich mich auf meine Mitte konzentriere und mir vorstelle, dass ich über mich selbst hinauswachse in mein Geheimnis hinein: die Blüte, die Frucht.

Ich rieche an der Blüte und genieße den Duft. Der Duft hellt mich auf und schenkt mir Ruhe.

Mit dem Duft kann ich eine unmittelbare Verbindung von der Außenwelt zu meiner Innenwelt herstellen. Diese Unmittelbarkeit ist nur dem Duftsinn eigen. In dieser Unmittelbarkeit werde ich eins mit dem Duft. Ich atme Liebe!

Das Buch der Natur

Petra Altmann

Ein Weiser traf den Wüstenvater Antonius und fragte ihn: »Wie schaffst du es nur, ein solches Leben zu führen, wo du noch nicht einmal Trost aus Büchern schöpfen kannst?«
Antonius antwortete ihm: »Mein Buch ist die Natur der geschaffenen Dinge, und dieses Buch liegt immer vor mir, wenn ich mich in Gottes Wort vertiefen möchte.«

Wie herrlich ist es, nach Stunden im Büro oder den eigenen vier Wänden hinauszugehen – in den eigenen Garten, den nächstgelegenen Park oder an einen Fluss. Die Parkbank oder ein Stückchen Gras kann für eine Weile unsere Oase sein.

Wir schließen die Augen und hören: den Wind, der unser Gesicht und unseren Körper berührt, das Geräusch der Blätter, die durch einen Lufthauch bewegt werden, das Gezwitscher der Vögel, die sich eifrig verständigen, die Geräusche des Waldes und der Wiesen, den Fluss des Wassers, das Plätschern eines Bachs.

Wir heben unsere Nase und riechen: die Frische des Grases, das uns umgibt, die Kräuter, die sich daruntermischen, den erdigen Boden, auf dem wir liegen, den Duft der Blumen, die um uns herum wachsen, die Gerüche, die der Wind vorbeiträgt.

Mit geschlossenen Augen versuchen wir, die Düfte zuzuordnen. Wir bewegen unsere Hände und fühlen: das eigene Gesicht, das wir berühren und streicheln, die

Erde, auf der wir sitzen oder liegen, die Grashalme, die uns umgeben, die Blätter, die wir finden, alles, was wir von unserem Platz aus greifen können.

Wir fühlen die Sonne, die auf uns scheint und uns bis ins Innerste erwärmt. Wir pflücken Beeren in unserer Nähe und schmecken: Mit geschlossenen Augen kauen wir ganz langsam und genießen intensiv ihren Geschmack.

Wir öffnen unsere Augen und sehen: den blauen Himmel über uns, die Formen der Wolken, die über uns hinwegziehen, die sattgrüne Wiese, auf der wir uns befinden, die kräftigen Farben der Blumen ringsum, den Lauf des Wassers in unserer Nähe.

Die vielfältigen Eindrücke verschmelzen zu einer Wahrnehmung. Mit allen Sinnen speichern wir die Natur in uns und nehmen sie mit in unseren Alltag.

Lebensbilder

Das Wachstum der Natur ist ein Sinnbild für unser eigenes Leben. Für unsere ganz persönliche Entwicklung. Gehen Sie hinaus nach einem langen Winter, wenn die Schneedecke sich endlich lichtet. Ihr Blick wird auf die ersten grünen Blattspitzen fallen, die sich aus der Erde hervorgewagt haben. An manchen Büschen zeigen sich Knospen. Kleine Primeln kann man entdecken. Es sind die Vorboten für das beginnende Wachstum in der Natur.

Wenn die Tage länger werden und die Sonne kräftiger, bekommt die Natur einen Wachstumsschub. Ganz deutlich können Sie nun sehen, wie alles aufbricht. So als hätte jede Pflanze, jeder Strauch, jeder Baum nur darauf gewartet. Die Vögel beginnen zu nisten, bereiten sich auf den Nachwuchs vor. Dieser Aufbruch macht sich auch bei Ihnen bemerkbar. Das Frühjahr ist für viele Menschen Anlass, sich von dem Dunkel des Winters zu befreien. Zu entschlacken, andere Wege auszuprobieren, damit Neues wachsen kann.

Die warmen Sommertage bringen alles draußen zur vollen Entfaltung. Es blüht und grünt überall. So viel Energie zeigt die Natur, dass man mit dem Beschneiden von Rasen und Büschen kaum nachkommt. Die Vögel sind mit dem Nachwuchs in endlosen Flugstunden unterwegs.

Diese Energie wächst auch bei Ihnen. Bis zum letzten Sonnenlicht nutzen Sie die Tage. Sie sind aktiv, zu Fuß oder mit dem Rad in der Natur unterwegs, beim Baden im nahe gelegenen See, zum Essen auf Ihrer Terrasse. Sie könnten Bäume ausreißen und möchten den Sommer am liebsten in sich aufsaugen. So manche Dinge, die Sie sich zu Anfang des Jahres vorgenommen haben, nehmen Formen an.

Der Herbst bringt die Reife. So wie Sie jetzt die Früchte ernten und das Korn einbringen können, sind auch Sie selbst gewachsen. An Ihren Aufgaben, durch Ihre zunehmende Energie, Ihre Kreativität, die sich voll entwickelt hat. Mit Stolz können Sie auf das, was in Ihnen und durch Sie gewachsen ist, blicken. Und Ihre ganz persönlichen Früchte ernten.

Die Natur vergeht zum Ende des Jahres. Es gibt jedoch Hoffnung, denn es kommt ein neuer Frühling, in dem sich wieder alles entfalten kann. Das Wachstum bleibt, so wie Ihre Erfahrungen, Ihre Lebensweisheit, aus denen Sie schöpfen können, damit Neues daraus wachsen kann. Wachstum kann sich fortsetzen und gedeihen, wenn man offenen Auges durch die Welt geht und bereit ist, sich zu wandeln.

Mit offenen Augen

Ich habe die Bäume betrachtet, wie sich aus den Knospen erste Blätter bildeten, die Zweige allmählich grün wurden und das Laub immer dichter. Wie dankbar bin ich für diese explodierende Natur.

Ich habe den Apfelbaum gesehen, der voll ist mit reifen Früchten, ihren Duft wahrgenommen und ihren Geschmack genossen. Wie dankbar bin ich für die Früchte der Erde.

Ich habe die bunten Wälder gesehen, mit Blättern in Gelb, Rot, Braun. Herrlich ist diese farbenprächtige Landschaft, auch wenn der Winter naht. Wie dankbar bin ich für dieses Naturschauspiel.

Ich habe den ersten Schnee gesehen. Weiß hat er die Landschaft eingehüllt und mich eingeladen, seinen Teppich zu betreten, mit Schlitten, Ski und Wanderstiefeln. Wie dankbar bin ich für den Kreislauf der Natur, denn er gibt mir die Gewissheit, dass das Leben weitergeht.

Still werden

Einkehr im Innern

Wenn ich nichts anderes tun kann
ist es genug für mich
aus Liebe zu Gott einen Strohhalm
vom Boden aufzuheben

Bruder Lorenz

Da sein im Augenblick

Pierre Stutz

Meine Sehnsucht ist groß, einfach da sein zu können. Kostbar und voll innerer Lebenskraft sind jene Momente, in denen ich nichts tun muss und in denen ich nicht getrieben werde. Heilsam und voll von nährendem Selbstvertrauen sind jene Stunden, in denen es genügt, gegenwärtig zu sein, gesammelt im Augenblick, befreit zum achtsamen Innehalten.

Meine Sehnsucht ist groß, im Hier und Jetzt die Kraft der Gelassenheit zu erfahren. Bestärkend sind jene Erfahrungen, in denen ich ohne Gedanken und Bilder die tiefere Verbundenheit mit allem erahne. Dieses Getragensein im Hier, das über mich hinausweist und mich zu einer gesunden Lebensgestaltung ermutigt, schenkt mir jene Balance, die mich gelassener werden lässt, jeden Tag neu. Eine Balance, die genährt wird von der entlastenden Zusage, dass ich das Wesentliche nicht krampfhaft suchen muss. Dieses Getragensein im Hier schenkt auch eine andere Lebensgrundhaltung: Ich lasse mich finden. Finden lassen kann ich mich, wenn ich auch bei mir zu Hause bin …

Dabei geht es nicht um einen Zustand, sondern um kostbare Momente des Einsseins, die nachhaltig zu einer großen Aktivität und Kreativität führen können.

Es bedeutet, eins nach dem anderen zu tun.

Es heißt, im Gehen zu gehen, im Stehen zu stehen, im Warten zu warten und im Planen zu planen. Entscheidend ist das regelmäßige Eintauchen in die Erinnerung, dass ich nicht alles selber tun muss, sondern schon angekommen bin, bevor ich aufbreche. Wer sich selber schon als Gefundener erfährt, der kann kraftvoller im Hier und Jetzt die Zukunft planen!

Schweigen umhüllt mich
mit seiner Zeitlosigkeit
die mein Glück leuchten lässt
zum vertrauenden Hiersein

Stille lockt mich
mit ihrem Klang der Ewigkeit
die meinem Dasein
die Melodie der Leichtigkeit schenkt

Leere erfüllt mich
mit ihrer Grundlosigkeit
die in mir die Lebensweisheit
des Geschehenlassens entfaltet

Das Gebet des Froschs

Anthony de Mello

Als Bruder Bruno eines Nachts betete, fühlte er sich durch das Quaken eines Ochsenfrosches gestört. Er versuchte, es nicht zu beachten, doch umsonst. Wütend schrie er aus dem Fenster: »Ruhe! Ich bete gerade.« Bruder Bruno war ein Heiliger, und so wurde sein Befehl sofort befolgt. Alle Kreatur verstummte, damit eine dem Gebet dienliche Stille einkehren konnte.

Aber nun drängte sich ein anderer Laut in Brunos Gebete – eine innere Stimme, die ihm sagte: »Vielleicht gefällt Gott das Quaken dieses Frosches genauso wie der Gesang deiner Psalmen.« – »Was kann Gott am Quaken eines Frosches gefallen?«, erwiderte Bruno spöttisch.

Doch die Stimme gab nicht nach: »Warum, glaubst du, hat Gott diesen Laut geschaffen?«

Bruno beschloss, eben dies herauszufinden. Er beugte sich aus dem Fenster und befahl: »Sing!« Das bedächtige Gequake des Frosches erfüllte wieder die Luft und wurde von allen Fröschen der Nachbarschaft vielstimmig aufgenommen. Und als Bruder Bruno die Laute auf sich wirken ließ, klangen die Stimmen, da er sich nicht länger gegen sie sträubte, durchaus nicht mehr schrill, sondern verschönerten tatsächlich die nächtliche Stille.

Diese Entdeckung brachte Bruder Brunos Herz in Einklang mit dem Universum, und er verstand zum ersten Mal in seinem Leben, was beten heißt.

Anhalten und still werden

Christa Spilling-Nöker

Manchmal dauert es eine Weile, bis wir still werden können. Zu viele Stimmen haben wir gehört, zu viele Meinungen zur Kenntnis nehmen müssen. Die Nachrichten in den Medien verschonen uns auch heute nicht mit Schreckensmeldungen. Wieder gab es Tote und Verletzte. Wir spüren unsere Hilflosigkeit. Und eben diese Hilflosigkeit macht uns aggressiv. Oder können wir doch etwas tun, ist es uns möglich, auf irgendeine Art und Weise zu helfen? Gab es auch erfreuliche Nachrichten, haben wir an dem verflossenen Tag auch Schönes erlebt? Wir konzentrieren uns auf jedes gute Wort, auf jeden freundlichen Gedanken, auf jedes zärtliche Bild, das wir wahrgenommen haben. Der Druck auf unserer Seele beginnt sich langsam aufzulösen, um neuer Gelassenheit Raum zu schenken.

Es gibt viele Menschen, die durch ihr Leben hetzen. Auf der einen Seite klagen sie über die zahllosen Termine, auf der anderen Seite suchen sie ständig nach Abwechslung und Ablenkung. Vielleicht mag in diesem ständigen Beschäftigungszwang auch eine Flucht vor der Stille liegen. Denn der Rückzug in die Stille führt zur Auseinandersetzung mit sich selbst und dem, was die Seele bewegt. Dabei liegt gerade darin die Chance zu einem glücklichen Leben: sich in aller Ruhe dem zu stellen, was in der eigenen Tiefe vorgeht, und dadurch erkennen zu können, welchen Schritt man als nächsten nach außen hin wagen will.

Es gibt Menschen, die stets eine Geräuschkulisse um sich herum haben müssen. Sobald sie aus der Unruhe, die sie im Berufsleben umgibt, oder aus dem Lärm der Einkaufszentren und Supermärkte nach Hause kommen, haben sie das Bedürfnis, das Radio oder den Fernseher anzustellen. Dabei kann gerade eine Zeit der Stille dazu verhelfen, auch innerlich zur Ruhe zu kommen, Zwiesprache mit sich zu halten und sich dadurch wieder auf sich selbst und die eigenen tiefen Bedürfnisse zu besinnen. Wer seine inneren Stimmen nicht ständig übertönen muss, sondern die Stille erträgt oder sogar zu genießen lernt, wird immer wieder zum Einklang mit sich selbst finden.

Mehr und mehr die äußere Wirklichkeit verlassen und den Weg nach innen suchen. Den störenden Geräuschen, die an das eigene Ohr dringen, keine Beachtung schenken. Irgendwann ist man auf der Reise zur eigenen Mitte so weit, dass man sie gar nicht mehr wahrnimmt. Man bewegt sich nur noch auf sich selbst zu.

Alles Denken verliert sich. Es gibt nur noch einen selbst und die Stille, die den Weg in die eigene Tiefe freigibt. Man begegnet seinen inneren Kräften, kann in sie hineinatmen und sie dadurch zu neuem Leben erwecken. Je länger man in dieser Übung verharrt, umso stärker wachsen einem neue Energien zu. Man spürt, wie man von ihnen durchströmt wird. Die Fülle der eigenen Lebendigkeit drängt dazu, der Außenwelt wieder neu zu begegnen.

Im Schweigen

Petra Altmann

Schweigen: auskommen ohne Worte.

Schweigen: stehen bleiben.
Alle Hektik beiseitelegen.
Alles Gerede einstellen.
Laute Geräusche meiden.

Schweigen: stillhalten.
Um das Trübe in uns zu sehen.
Um das Dunkle in uns zu erhellen.
Um die Impulse unseres Herzens zu erkennen.

Schweigen: hören.
Hören auf andere.
Hören auf das, was mich umgibt.
Hören auf die innere Stimme.

Schweigen: nachdenken.
Über die Worte, die ich benutze.
Über den Ton, den ich pflege.
Über den Umgang, den ich habe.

Schweigen: sich zurückziehen.
Bei sich selbst sein.
Mit sich selbst auskommen.
Sich selbst genügen.

Schweigen: ehrlich sein.
Nichts mit Phrasen überdecken.
Nichts in Grund und Boden reden.
Sich von der Last der Worte befreien.

Schweigen: zur Ruhe kommen.
Die Gedanken fließen lassen.
Nichts totschweigen.
Alles hochkommen lassen, was mich bewegt.
Es betrachten und loslassen.

Schweigen: Nähe spüren.
Nähe zu mir selbst.
Nähe zu einem vertrauten Menschen.
Nähe zur Natur.
Nähe zu Gott.

Schweigen: mit sich selbst eins sein.
Meinen inneren Raum der Stille öffnen.
Frei sein von den Erwartungen,
die andere an mich haben.
Frei von den Ansprüchen,
die ich an mich selbst stelle.
Der sein zu können, der ich bin.

Das Schweigen birgt die Chance,
mit sich selbst in Kontakt zu kommen,
sich zu öffnen für Verborgenes.
Wer manchmal auf das Reden verzichtet,
wird seine Worte später mit mehr Bedacht wählen.

Mein Leben spricht in der Stille

Schwester Gisela Ibele

In uns ist ein Ort des Schweigens, zu dem unsere Gedanken und Gefühle, unsere Bedürfnisse und Leidenschaften keinen Zutritt haben. Dort ist heiliger Raum, göttliche Gegenwart. Die Stille der Seele ist wie das Kind in mir: ursprünglich, einfach, absichtslos, lauter und rein. Kein Mensch, keine Leidenschaft, keine Schuld hat Zutritt in meinem Heiligtum. Das schweigende Kind in mir: Es will wachsen und Raum gewinnen. Je mehr ich diesem Schweigen zuhöre, bin ich in Berührung mit mir selbst. Ich bin befreit, mich nicht immer wie ein Erwachsener korrekt verhalten zu müssen, fehlerfrei zu sein, andern helfen und andere heilen zu wollen. Ich darf zu meinem Selbst finden und mich selbst lieben.

Wann höre ich mich noch selbst? Schweigen heißt nicht, ohne Worte und Klang zu sein. Mein Leben spricht in der Stille. Nur wenn es still in mir ist, kann ich den Klang der Sterne, die Entfaltung der Rosenknospe und das Sprechen meiner Seele hören. Hörend – nicht sprechend – bin ich geboren. Noch vor jedem Missverständnis, jeder falschen Tonlage bin ich von der vollkommenen und reinen Harmonie Gottes erfüllt. Ich werde heute aufmerksam hören, bevor ich spreche. Genau hinhören, unterscheiden lernen, Harmonie und Disharmonie entdecken und Stimmungen ins Wort bringen.

Ich finde einen Ort, an dem ich allein bin und auf das Leben hören kann. Ich horche auf alles, was mein Ohr berührt: Lärm – Geräusche – Töne. Ich schließe die Augen und lausche. Klänge bewirken ein Echo, ein Nachklingen, eine Erinnerung. Ich stelle mir vor, dass ich die Stimme meiner Mutter in meinem Herzen hören kann. Wie hat sie mich beim Namen gerufen? Ich möchte heute in meinem Herzen die Stimme Jesu hören und stelle mir vor, dass er mich beim Namen ruft. Auch der Klang kann schon eine Botschaft in sich tragen: Appell, Einladung, Zuspruch, Liebe, Vertrautheit, Fremdheit, Echtheit …

Ich genieße den Augenblick, nichts tun zu müssen, einfach nur da zu sein. Der Atem bewegt mich – meine Nasenflügel, meinen Brustraum, meine Bauchdecke, meinen Beckenraum. Ich nehme wahr, wie sich mit jedem Atemzug innere Ruhe einstellt, der Atem tief und ruhig fließt. Ich atme tief aus und lasse los. Viele Stimmen, die ich heute gehört habe, Worte, die mich verletzt, getröstet, geheilt, liebkost haben. Den bitteren Nachgeschmack meiner Schuld, meines Versagens, meiner Resignation. Die Erwartungen, die ich an meine Mitmenschen und an mich gestellt habe. Ich atme tief aus und lasse los.

Stille und Weite

Margot Käßmann

Wie schwer fällt es uns, Alltagstrott und Alltagshektik zu unterbrechen und Raum zu geben für die großen Fragen des Lebens, die uns bewegen: Wie will ich leben? Ergibt mein Leben Sinn? Kann ich mit der Begrenztheit meiner Zeit umgehen? Dabei wissen wir: Es tut der Seele gut, Phasen zu finden, in denen wir das zulassen können, in denen wir uns Zeit nehmen ohne Termine von außen und uns einlassen auf Stille …

Manchmal suche ich die Stille, sehne mich geradezu nach ihr. Wenn mir alles zu viel ist, die Mails, die Gespräche, die Telefonate, der Zeitdruck. Dann erscheint Stille mir wie ein Rettungsanker, um mich selbst nicht zu verlieren, meine Mitte nicht preiszugeben, nicht aus der Balance zu geraten. Den Kontakt zu Gott nicht zu verlieren. Aber ich weiß auch, dass Stille ängstigen kann. Sie kann einsam machen. Und sie konfrontiert uns mit all den Stimmen in uns selbst, die so schnell nicht still werden.

Stille ist nicht leicht zu finden und manches Mal schwer zu ertragen. Wenn ich mich aber auf sie einlasse, erlebe ich am Ende immer wieder eine Klärung der bedrängenden Fragen, ein Wissen, wohin der Weg führen kann, neue Kraft und Kreativität, die mich stärken und begeistern.

Es kann sehr eng werden im Leben. Da ist alles wie vorgefertigt und zugeplant, kein Ausweichen mehr möglich, der Alltag ist festgezurrt von all den Ansprüchen, die wir selbst, der Beruf oder die Familie an uns haben. »Du stellst meine Füße auf weiten Raum, sagt der Psalmbeter« (Ps 31,9). Das heißt doch, dass Gott mir Weite zumutet. Dass Weite mich nicht ängstigen muss, sondern dass ich gestellt und damit auch gehalten bin! Ich verstehe das so, dass ich mit einem Bein geerdet bin in meinem Glauben, der Tradition meiner Vorfahren, der Kultur meines Landes, den Verpflichtungen gegenüber meiner Familie, den Anforderungen im Beruf. Aber es gibt auch ein Spielbein in meinem Leben. Das darf sich bewegen. Aufbrüche darf ich wagen. Mut zur Weite, zur Überwindung von Grenzen darf ich haben. Enge muss nicht sein, auch nicht Glaubensenge. Gott hat mich geschaffen, mit Neugier und Lust am Entdecken unbekannter Räume in meinem Leben und in dieser Welt. Gott legt mich nicht fest auf das, was war, sondern eröffnet immer wieder neue Möglichkeiten. Spielräume.

Plötzlich: Stille

Andrea Schwarz

Gott sprach zu Elija in der Höhle: Geh hinaus und tritt auf dem Berg vor den Herrn hin! Da zog der Herr vorüber. Ein gewaltiger, heftiger Sturm, der Berge zersprengt und Felsen spaltet, ging vor dem Herrn her; aber der Herr war nicht im Sturm. Nach dem Sturm kam ein Erdbeben, aber der Herr war nicht im Erdbeben. Nach dem Erdbeben kam Feuer; aber der Herr war nicht im Feuer. Nach dem Feuer kam ein leises, sanftes Säuseln. Als Elija das vernahm, verhüllte er sein Gesicht mit seinem Mantel, ging hinaus und trat an den Eingang der Höhle.

1 Könige 19

»Geh hinaus und tritt auf dem Berg vor den Herrn hin!« Man könnte jetzt über das »Geh hinaus« lange meditieren, so, als ob Gott in der Höhle mit Elija ist und ihn hinausschickt. Martin Buber übersetzt an dieser Stelle einfach: »Heraus!«

Stimmt vielleicht beides?

Die Stimme Gottes, die von außen in meine Höhle dringt, ist auch die Stimme Gottes in mir? Entscheidend ist, dass Elija herausgerufen oder hinausgeschickt wird: heraus aus seiner Höhle, in der er Zuflucht gesucht hat, aber auch heraus aus seinem ichbezogenen Denken, aus seinen Verknotungen und Verwicklungen. Und er soll vor Gott hinstehen, sich stellen. Interessant ist, dass Elija diesem Ruf in diesem Moment nicht folgt: Er bleibt in seiner Höhle, er tritt nicht heraus, er stellt sich nicht. Er bleibt, wo er ist.

»Da zog der Herr vorüber …« Diese Formulierung erinnert an die Nacht des Vorübergangs des Herrn vor dem Aufbruch der Israeliten aus Ägypten, der Nacht, in der etwas Neues begann. Und dann bricht es regelrecht los – Sturm, Erdbeben, Feuer. Alle Mächte der Schöpfung werden »losgelassen« und zeigen ihre verheerende Kraft. Und das waren genau die Kräfte der Natur, die die Menschen sich damals nicht erklären konnten, denen sie sich hilflos ausgeliefert fühlten – und denen sie deshalb etwas Göttliches zuschrieben.

Was für ein Moment muss das für Elija gewesen sein! Sturm und zerberstende Felsen, das Stöhnen der Erde und ihr Beben, das Feuer, das versengt und brennt. Was hier im Text mit knappen Worten beschrieben wird, war wohl eher ein Inferno, ein Chaos: Krachen, Bersten, Stürmen – gar nicht so unwahrscheinlich, dass im nächsten Moment die Welt untergeht! Die Augen sehen das Zerbrechen, die Ohren hören das Bersten und Krachen, der ganze Körper zittert.

Ob Elija geahnt hat, was da kommen mag und deshalb wohlweislich in seiner Höhle geblieben ist?

Und doch ist der Herr nicht in all diesen vernichtenden Gewalten, nicht im Sturm, nicht im Erdbeben, nicht im Feuer.

Und dann plötzlich Stille …

Ganz einfach: Stille.

Ruhe.

Schweigen.

Nur ein sanftes, leises Säuseln … oder wie es Martin Buber übersetzt: »eine Stimme verschwebenden Schweigens«.

Vielleicht nur ein Hauch. Ein Ahnen und Spüren.

Aber: Das Ende des Chaos.

Auch des Chaos in mir.

Und erkennen – und erkannt werden.

Das Nicht-Hörbare hören und das Nicht-Sichtbare sehen.

Mein Gesicht verbergen und aus meiner Höhle heraustreten und mich stellen.

Mich Gott stellen …

Hier bin ich, Gott.

Leidenschaftlich

Auf der Suche
nach dir

vierzig Tage
und
vierzig Nächte

und dann

zerreißen Träume
im Sturm

zerbrechen Bilder
im Beben

verbrennen Hoffnungen
im Feuer

erst jetzt
ist zarte Berührung
möglich

und kann
dich
finden

in mir

Zusammen, nicht allein

Beziehungen, die gut tun

Die wichtigste Stunde ist immer die Gegenwart
Der wichtigste Mensch ist immer der
der dir gerade gegenübersteht
Das notwendigste Werk ist die Liebe

Meister Eckart

Kraft und Kunst der Freundschaft

Anselm Grün

Ein japanisches Sprichwort sagt: »Mit einem Freund an der Seite ist kein Weg zu lang.« Der Freund an der Seite gibt uns Kraft, weiterzugehen, auch wenn die Schwierigkeiten von allen Seiten auf uns einstürmen. Er hilft uns, nicht aufzugeben, wenn wir mit dem Rücken zur Wand stehen. Er motiviert uns, den Kampf des Lebens zu wagen. Ohne Freund sind wir in Gefahr, den Boden unter den Füßen zu verlieren. Wenn ich weiß, dass mein Freund zu mir steht, dann relativieren sich die Probleme. Ohne Freund hätte ich schon manchmal gesagt: »Macht euren Dreck alleine!« Aber ich weiß genau, dass ich mir und den Menschen, für die ich verantwortlich bin, mit dieser Reaktion keinen Gefallen getan hätte. Das Gespräch mit dem Freund lässt mich schnell meine eigenen Lebensmuster durchschauen. Ich spüre, wenn ich in eine Sackgasse rennen würde. Der Freund bewahrt mich davor. Er gibt mir den langen Atem, den ich brauche, um meinen Weg zu finden.

Die seit ihrer frühen Jugend gelähmte Schriftstellerin *Zentra Maurina* hat die Freunde als Quelle ihres Lebens erfahren, als Quelle auch der Kraft, dieses behinderte Leben in einer guten Weise zu meistern. »Was für den Vogel die Kraft der Schwingen, das ist für den Menschen die Freundschaft; sie erhebt ihn über den Staub der Erde.« In der Tat: Der Freund an der Seite ist wie ein Vogel, der mich auf dem beschwerlichen Weg meines Lebens emporhebt, damit ich leichten Schrittes den Weg weitergehen kann, ohne über jeden Stein zu stolpern, der sich mir in den Weg legt. Das Gespräch mit dem Freund relativiert die Probleme und lässt sie mich in einem anderen Licht sehen. Sie sind nicht mehr so bedrohlich. Die Nähe des Freundes wird zu einem Schutz vor den negativen Emotionen, die mir von außen entgegenkommen. Sie wiegt all das Schwere auf, das täglich neu auf mich einstürmt.

Es ist keineswegs selbstverständlich, dass Freundschaft gelingt. *Georges Bernanos* bezeichnet die Langeweile als die größte Gefahr: »Keine Freundschaft vermag der Langeweile zu widerstehen.« Wenn sich Freunde nichts mehr zu sagen haben, wenn sie sich an sich gewöhnt haben, aber nicht mehr offen sind für etwas, das sie übersteigt, dann wir die Langeweile die Freundschaft töten. Es fließt nichts mehr zwischen den Freunden. Die Freundschaft vertrocknet, versandet. Langeweile entsteht immer dann, wenn die Quelle der Fantasie und Kreativität versiegt. Oft besteht die Ursache dafür darin, dass man die eigenen Gefühle vor dem anderen verschließt. Je mehr man aber an Gefühlen zurückhält, desto weniger kann in uns und zwischen uns strömen. Wir verhärten uns immer mehr. Und diese Härte wird zur Langeweile. Wir öden uns an, anstatt voller Begeisterung uns all das zu erzählen, was wir spüren und erleben.

Wer ständig beschäftigt ist, wer sich in die Arbeit flüchtet, der hat nicht nur keine Zeit zur Freundschaft, sondern er wird auch unfähig, einem andern Freund zu sein. Nicht die Erfolgreichen sind die besten Freunde, sondern die vom Schicksal Benachteiligten, die sich ihrer eigenen Gefährdung stellen, die sich ihrer Grenzen und

Schwächen bewusst sind. Freundschaft braucht Offenheit für den andern. Wer seine Gefühle mit Aktivitäten vollstopft, wird unfähig, sie mit dem Freund zu teilen. Wer aber nichts mehr zu teilen hat, kann keines Menschen Freund sein. Genießen kann Freundschaften nur, wer sich seiner eigenen Armut stellt. So hat es *Johann Wolfgang von Goethe* erfahren: »Nur uns Armen, die wir wenig oder nichts besitzen, ist es gegönnt, das Glück der Freundschaft in reichem Maße zu genießen. Wir haben nichts als uns selbst. Dieses ganze Selbst müssen wir hingeben.«

»Jedes zu große Übergewicht von einer Seite stört die Freundschaft«, sagt *Adolf Freiherr von Knigge.* Wenn der eine Freund sich als Helfer, Therapeut, Gönner des anderen gibt, dann zerstört das die Freundschaft. Freundschaft braucht ein Du und ein Ich, das auf gleicher Ebene steht. Einer beschenkt den anderen. Eine befruchtet die andere. Wenn eine Helferbeziehung zur Freundschaft wird, dann muss der Helfer von seiner Position herabsteigen und sich auf die Ebene des Freundes begeben ... Es gibt Freunde, die dem Freund zu viel schenken. Das bewirkt im Freund das Gefühl, der andere möchte sich die Freundschaft erkaufen. Er wird das Gefühl unterdrücken. Aber schon bald wird das unterdrückte Gefühl in ihm zur Aggression und schließlich zur Verhärtung führen. Und das verhärtete Herz kann keine Freundschaft mehr fühlen. Es darf kein Gefälle in der Freundschaft geben. Freundschaft braucht die Gleichheit der Freunde, sonst ist sie bedroht.

Unsere Liebe ist oft genug vermischt mit Besitzansprüchen, mit Festklammern, mit Erwartungen an den andern. Und sie erhebt oft den Anspruch der Gegenseitigkeit. Was ich für den anderen tue, das erwarte ich auch von ihm. Doch dieses Rechnen verunmöglicht wahre Freundschaft. Es gibt Freunde, die sich jahrelang nicht sehen und nicht miteinander kommunizieren. Doch sobald sie sich treffen, flammt die Freundschaft wieder auf. Die Liebe und das Verstehen strömen zwischen den beiden, als ob sie sich erst gestern getrennt hätten. Sie sind miteinander vertraut. Sie kommen in der Erzählung sofort zum Wesentlichen. Sie berühren einander. Sie werden eins in ihrem Herzen. Sie haben sich gegenseitig in die Freiheit entlassen, ohne ihre Liebe zueinander zu verlieren.

Das rechte Miteinander von Liebe und Freiheit zu finden ist nicht einfach. Das Verhältnis von Freiheit und Liebe wird bei jedem Freundespaar anders sein. Immer wenn ich einen Freund gern habe, entsteht auch ein Stückchen Abhängigkeit. Wenn ich mir dieser Abhängigkeit bewusst werde, kann ich mich davon distanzieren und den Freund bewusst freilassen. Echte Freundschaft zeichnet sich durch innere Freiheit aus. Ich darf sagen, was ich fühle, ohne alles berechnen zu müssen. Ich bin frei, den Weg zu gehen, den ich als richtig erkannt habe. Ich brauche keine falsche Rücksicht auf den Freund zu nehmen, wenn ich spüre, dass ich eine andere Aufgabe oder einen anderen Wohnort wählen sollte. Ich kann frei atmen. Und ich lasse auch dem Freund den Freiraum, den er für sein Leben braucht.

Das Geheimnis der Freundschaft

Khalil Gibran

Dein Freund ist die Antwort auf deine Not. Er ist das Feld, das du mit Liebe besäst und mit Danksagung erntest. Und er ist dein Tisch und dein Kamin. Du kommst zu ihm mit Hunger, und du suchst ihn für deinen Frieden.

Wenn dein Freund seine Meinung frei äußert, fürchtest du weder das »Nein« deines Sinnes, noch hältst du dein »Ja« zurück. Auch wenn er schweigt, hörst du nicht auf, auf sein Herz zu achten. Alle Gedanken, Wünsche und Erwartungen werden ohne Worte in Freundschaften geboren und miteinander ausgetauscht mit einer Freude, die nicht gefeiert wird.

Wenn du deinen Freund verlässt, trauerst du nicht, weil das, was du in ihm liebst, durch seine Abwesenheit deutlicher in Erscheinung treten mag, so wie der Berg für den Bergsteiger klarer sichtbar ist von der flachen Ebene …

Gib dein Bestes für deinen Freund. Wenn er deine Ebbe kennenlernt, lass ihn auch deine Flut erleben. Was ist dein Freund für dich, wenn du ihn nur aufsuchst, um die Zeit totzuschlagen? Suche ihn auf, um Stunden des Lebendigseins mit ihm zu erleben.

Er kann deine Not, aber nicht deine Leere beantworten.

Und in der Süße der Freundschaft soll Lachen und Teilen der Freude sein. Im Tau der kleinen Dinge findet das Herz seinen Morgen und ist erfrischt.

Die Gabe der Freundschaft

Clemens Sedmak

Angenommen, Sie müssten Ihre Heimat verlassen und müssten im Exil leben. Was wäre das Mühsame an dieser Erfahrung? Wenn Sie im Exil wohl versorgt, ausgelastet und erfüllt sind, werden es die kleinen Dinge sein, die Ihnen ständig vor Augen führen, dass Sie sich im Exil befinden.

Verwurzelung entsteht durch viele kleine Schritte in viele kleine Dinge hinein. So entsteht ein dichtes, verästeltes Gewirr von Vertrautheiten und Gewohnheiten. Die Bindung an einen Ort ist ähnlich wie die Bindung an einen Menschen – sie gibt Heimat und diese Dimension des Heimatlichen verleiht unserem Leben etwas Bestimmtes, Besonderes, Unverwechselbares. Sie erfüllt uns also mit Eigenschaften. Jemanden zu lieben heißt, Heimat schenken zu wollen …

Eine besondere Bindung sind Freundschaften. Sie gehören zum Wertvollsten, was wir in unserem Leben finden und schenken können. Auch hier haben Kinder uns viel zu sagen: Ein Einschnitt im Familienleben unserer Zeit ist der Eintritt der Kinder in die Institutionen Kindergarten und später Schule. Diese Schwelle hinaus in das Leben und die Welt ist von der Sorge begleitet, dass die Kinder ja Freunde finden mögen. Der schönste Kindergarten kann ohne Freunde öde sein, der bemühteste Lehrer kann die Welt eines Kindes, das in seiner Klasse keine Freundin oder keinen Freund gefunden hat, kaum aufhellen. Wie dankbar wir sind, wenn unsere Kinder Freunde finden, »gute« und »richtige« Freunde! Gute Freunde sind wohl solche, die zu uns halten, auch wenn die Tage schwierig sind; richtige Freunde sind wohl solche, die uns helfen, das Beste aus uns herauszubringen, im Menschsein und in der Menschlichkeit zu wachsen. Wir sind so dankbar, wenn unsere Kinder Freunde finden, die sie nicht beeindrucken zu müssen glauben, denen sie nichts vorzumachen haben, bei denen sie zu sich kommen können. Wir wünschen unseren Kindern von Herzen Freunde, die ihnen ihren Wert vor Augen führen können. Ein Freund sieht im anderen etwas Gutes, Wertvolles, etwas, das um seiner selbst willen geliebt wird. Freundschaft schenkt die Freude, dass man am Leben ist, oder auch: dass das eigene Leben einem wichtigen anderen Menschen Freude bereitet. Freundschaft verändert und formt, prägt. Tiefe Freundschaft bringt das Gute in einem Menschen zum Vorschein.

Freunde werden gefunden, nicht erzeugt und nicht entdeckt. Freundschaft ist nicht das Ergebnis einer unvermittelten Entdeckung und auch nicht das Resultat eines sorgsamen Konstruktionsprozesses, einer bestimmten Technik … In vielen Traditionen ist es das Zeichen eines guten Menschen, dass er Freundschaften pflegen kann. Wir könnten versuchen, uns mit dem Gedanken anzufreunden, dass ein geglücktes Leben ein Leben ist, das sich durch die Fähigkeit zu tiefen Freundschaften auszeichnet. Freundschaftsfähigkeit schließt das Vermögen ein, sich zurückzunehmen und das Selbst auf den anderen hin zu erweitern. Freundschaftsfähigkeit schließt Aufrichtigkeit und auch die Disziplin, Regelmäßigkeit zu pflegen und anrufbar zu sein, ein. Freundschaftsfähigkeit hat mit der Bereitschaft zu tun, Wachstum und Entwicklung zuzulassen, sich auszuliefern und die dadurch entstehende Verletzbarkeit auszuhalten.

Tiefe Freundschaften entstehen langsam. Wir können das aus der berühmten Begegnung zwischen dem Fuchs und dem Kleinen Prinzen aus *Antoine de Saint-Exupérys* Kleinem Prinzen lernen. Die beiden wollen Freunde werden, machen regelmäßig Schritte aufeinander zu, kleine Schritte. Dadurch entsteht eine Vertrautheit, ein Raum, in dem Vertrauen geschenkt und empfangen werden kann, und durch diese Vertrautheit eine Verantwortung. Diese Verantwortung gibt der Freundschaft Kraft und Stärke.

Tiefe Freundschaften knicken nicht wie ein Schilfrohr in einem Wind, tiefe Freundschaften lassen die gemeinsame Beschäftigung mit tiefen und wichtigen Dingen zu. Tiefe Freundschaften lassen uns erkennen, wer wir sind. In diesem Sinne hat Freundschaft viel mit Gastfreundschaft zu tun, mit der Fähigkeit, dem Freund Heimat zu geben. Das kann heilend sein. Freundschaften sind heilend. Wenn wir nach einem anstrengenden Tag zu Freunden kommen, so kann es uns geschehen, dass wir an diesem Abend zu uns kommen, uns wieder finden, die wir uns im Trubel des Tages fast verloren hatten. Ein Gast soll sich zu Hause fühlen. Man könnte auch so sagen: Ein Freund lässt den anderen in sein Herz, in sein Inneres, in sein Daheim – und wird durch diesen Besuch verändert und geprägt. Tiefe Freundschaften prägen uns.

Wenn du Tiefes über einen Menschen wissen willst, frag ihn nach seinen Freunden. Freundschaft heißt: sich über den anderen freuen; Lebensfreude durch den anderen zu gewinnen; sich am Leben des anderen zu freuen und daraus Kraft für das eigene Leben zu gewinnen. Frucht der Freundschaft ist die Freude. Ohne Freundschaft kann man nicht glücklich sein. Eine Einsicht, die wir bereits bei *Aristoteles* finden. Geglücktes Leben ist nicht ein Leben, das man alleine führen kann. Glück ist nicht etwas, das weniger wird dadurch, dass man es teilt. Im Gegenteil: Glück wird durch Teilen mehr, ähnlich wie die Freundschaft – oder noch deutlicher: Glück und Freundschaft entstehen erst durch das Teilen.

In einer Freundschaft wird schlicht »Leben« geteilt. Das kann sich dann im Teilen von Raum und Zeit, im Teilen von Büchern und Mahlzeiten, im Teilen von Theaterkarten oder Vermögen zeigen, stets geht es jedoch um das Leben. Freundschaft zeichnet sich dadurch aus, dass man einen gemeinsamen Blick auf das Leben wirft. Freundschaft heißt nicht, dass man sich ständig in die Augen sieht, sondern Freundschaft heißt, dass man in dieselbe Richtung blickt; dass man sich um eine gemeinsame Mitte sammelt …

Was Liebe kann

Phil Bosmans

Das Wichtigste im Leben ist lieben, einander gern haben. Daran hängt unser ganzes Glück. Mit Recht wird die Liebe in allen Sprachen besungen. Aber Liebe ist viel mehr als das Spiel des Begehrens, auf dessen Verkäuflichkeit so viele Medien so scharf sind. Menschlich lieben heißt für andere leben, für alle die Menschen, die unsere Nächsten sind. Mit einem Herzen voll Liebe werden wir glücklich sein und andere glücklich machen.

Liebe ist die universalste und geheimnisvollste Energie, die in der Schöpfung zu finden ist. In die ganze Natur ist Liebe eingebaut. Sie ist elementarerweise anwesend in der Anziehungskraft der Erde bis tief in die Materie hinein, die Moleküle und Atome. Alles hat durch sie Bestand und hängt zusammen wie ein Gewebe.

So wie es eine Anziehungskraft in der ganzen Schöpfung gibt, so gibt es auch Anziehungskräfte zwischen Menschen. Wenn Wasser beherrscht in seinen Ufern bleibt, ist Wasser ein Segen. Wenn Liebe die Menschen einander näherbringt und sie durch Liebe Sinn und Schönheit der Schöpfung erfahren, dann gedeiht die Harmonie, Menschen finden Frieden und erfahren Freundschaft.

Liebe ist der einzige Schlüssel, der zu den Türen des Paradieses passt. Es liegt ein Stückchen Paradies in jedem Lächeln, in jedem guten Wort, in der Zuneigung, die du verschenkst. Es liegt ein Stückchen Paradies in jedem Herzen, das für einen Unglücklichen zum rettenden

Hafen wird, in jedem Zuhause mit Brot und Wein und mit menschlicher Wärme. Es liegt ein Stückchen Paradies in jeder Oase, wo Liebe blüht und Menschen Mensch geworden sind, füreinander Brüder und Schwestern. Gott hat seine Liebe in deine Hände gelegt wie einen Schlüssel zum Paradies.

Liebe ist Licht,
ohne einander zu blenden.
Liebe ist einander nahe sein,
ohne einander zu besitzen.
Liebe ist Wärme geben,
ohne einander zu ersticken.
Liebe ist Feuer sein,
ohne einander zu verbrennen.
Liebe ist viel voneinander halten,
ohne einander festzuhalten.
Allein die Liebe ist das Haus,
in dem wir wohnen können.

Atem verbindet

Pierre Stutz

Die Liebe ist die bewegende Kraft im Universum. Das glaube ich, und aus dieser Hoffnung gestalte ich meine Beziehungen: Die Beziehung zu mir selber, die Beziehung zu den anderen, die Beziehung zu Schöpfung und Kosmos und in alledem die Beziehung zum ewigen DU.

In meinen Beziehungen begegne ich der Anziehungskraft, die mich bewohnt. Die Sehnsucht nach Liebe, nach Angenommen- und Anerkanntsein zieht und bewegt uns alltäglich. In der erotischen Dimension der Liebe erfahren wir dieses Angezogen- und Angerührtsein – nicht nur in Begegnungen mit Menschen, sondern auch in der Schöpfung, in der Musik und in allen kreativen Vollzügen.

Wir brauchen dringend eine Versöhnung zwischen der Kraft des Eros und der Spiritualität. Wir brauchen eine spirituelle Gestaltung unserer Sexualität. Wie in all unseren Lebensbereichen begegnen wir da auch der ganzen Ambivalenz unserer Triebe. Darum braucht es in allen unseren Beziehungen einen Leerraum, damit wir die Zärtlichkeit, das Angerührtsein, die Seelenverwandtschaft wirklich genießen können und nicht dabei stecken bleiben, den oder die andere/n vor allem haben zu wollen.

In dieser Spannung wird sich Beziehung ereignen, immer wieder neu. So bleibt sie lebendig, unvollkommen, faszinierend, begrenzt, erfüllend und verletzlich. Die bewusste Praxis des Atmens lässt uns die erotische Dimension des Lebens tiefer erfahren. Atempausen in der Beziehung kultivieren das ewige Spiel von Nähe und Distanz. Da wage ich Hingabe, gehe auf in der Ekstase, spüre mich mit Leib und Seele und erahne das Ereignen Gottes in dieser tiefen Begegnung. Dann wieder erfahre ich das Anderssein, die Verschiedenheit, die anspruchsvolle Beziehungsarbeit, die viel Raum und Zeit braucht.

Unser Widerstand für eine Kultur der Langsamkeit ist ein Plädoyer für eine neue Lebensqualität in unseren freundschaftlichen Beziehungen. Unsere Achtsamkeit nährt den Dialog zwischen den Generationen und fördert den Respekt gegenüber jedem Menschen, der nicht zum Objekt unserer Bedürfnisse werden darf.

Atmen heißt den Geheimnischarakter jeder Begegnung zu spüren.
Atmen heißt unseren Rhythmus der Zärtlichkeit zu entdecken.
Atmen heißt leben im Augenblick.
Atmen heißt lieben im Hier und Jetzt.

Wer uns gut tut

Richard Rohr

Irgendwann in meinen späten Vierzigern erkannte ich, wie viele Menschen mich für etwas liebten und bewunderten oder ablehnten und verabscheuten, was ich nicht war. Umgekehrt gab es aber auch viele, die mich genau für das liebten, was ich tatsächlich war, mit all meinen Fehlern und Schwächen. Das war die einzige Liebe, die mich je zu retten vermochte.

Viele andere haben mich zu Recht für das kritisiert, was ich wirklich bin, und mir auf diese Weise meinen Schatten vor Augen geführt. Das war zwar schmerzhaft, aber oft auch sehr hilfreich. Bald wurde mir jedoch bewusst, dass die Reaktion der Menschen in allen Fällen viel mehr über sie selbst und die Qualität ihres Spiegelns aussagte als über mich selbst.

Schönheit oder Hässlichkeit liegen tatsächlich vor allem im Auge des Betrachters. Gute Menschen spiegeln das Gute in uns, und deshalb lieben wir sie so sehr. Weniger reife Menschen spiegeln ihr eigenes ungelebtes und chaotisches Leben auf uns; deshalb verwirren sie uns und machen es uns so schwer, sie zu lieben. In jedem Fall können Ihnen nur jene auf lange Sicht helfen, die auf Ihr wahres Ich reagieren, im Guten wie im Schlechten.

Viel Arbeit müssen Sie in den mittleren Jahren darauf verwenden, zwischen den Menschen zu unterscheiden, die sich mit Ihnen um ihrer eigenen Belange willen befassen, und jenen, die sich wahrhaftig mit Ihnen – so wie Sie wirklich sind – auseinandersetzen.

In der zweiten Hälfte des Lebens treten Sie nach und nach aus dem Kabinett der sich selbst reflektierenden Spiegel heraus. Doch das funktioniert in der Regel nur dann, wenn Sie selbst einen wahren Spiegel haben, mindestens einen liebevollen, ehrlichen Freund, der Sie erdet. Das kann sogar der Blick Gottes sein, der Sie immer bedingungslos annimmt. In jedem Fall brauchen Sie aber mindestens einen wahren Spiegel, der Ihnen Ihr innerstes, tiefstes und, ja, göttliches Bild offenbart. Genau aus diesem Grund sind intime Momente oft Momente, in denen wir uns gegenseitig auf wundervolle Weise spiegeln und annehmen – eine Intimität, die uns zutiefst zu heilen vermag. Die Überzeugung, dass Sie selbst sich wahrheitsgemäß spiegeln könnten, ist eine Illusion der ersten Lebenshälfte. Reife Spiritualität basiert stets auf der Zuwendung von Seelenfreunden … Diese Menschen sind zu ihrer ganzen Fülle gelangt, oft entgegen allen Erwartungen und indem sie persönlich oder indirekt viel Leid erfahren haben. Jesus sagte über solche Menschen: »Ströme lebendigen Wassers werden aus ihrem Inneren fließen« (Johannes 7,38). Sie sind die Vorbilder und das Ziel unserer Menschheit, viel mehr als alle Stars und Politprominenz, denen wir heutzutage so viel Aufmerksamkeit schenken.

Seelenfreundschaft

Angela Römer-Gerner

Die Idee eines *Anam Cara,* eines Seelenfreundes oder einer Seelenfreundin, haben die keltischen Christinnen und Christen von den Druiden übernommen und zu einem wichtigen Teil ihres Verständnisses von Seelsorge gemacht. »Anam« heißt Seele und »Cara« Freund. Ein Anam Cara war eine geistliche Begleiterin, ein freundschaftlicher Berater und Beichtvater, eine gute Freundin, die mit dem Innersten ihres Gegenübers, mit seiner Seele, vertraut war. Zunächst war der Mitbruder, der mit dem Mönch dieselbe Zelle teilte, sein Anam Cara, sein geistlicher Lehrer und Freund, dem er sich ganz anvertrauen und dem er auch beichten konnte. Was beide verband, war tiefe Freundschaft und seelische Verbundenheit.

In der keltischen Vorstellung war die Seele nicht etwas, das nur in unserem Inneren verborgen liegt, sondern sie umhüllt uns wie das göttliche Licht es tut. Sie strahlt in unser Inneres und in das Innere unseres Gegenübers. So verbindet sich Seele mit Seele … Die heilige *Brigid* riet einem Menschen, dessen Anam Cara gestorben war, sich noch am selben Tag wieder einen Seelenfreund zu suchen, denn ohne eine seelische Begleitung war ein Leben für die jungen Christen kaum vorstellbar.

Ein guter Seelenfreund oder eine gute Seelenfreundin musste vor allem zuhören und sich einfühlen können und so ein Wachsen in der Liebe begleiten und unterstützen. Das Vorbild war wie überhaupt im christlichen

Leben Jesus selbst, der seine Jünger »Freunde« nannte. Hinter jedem Seelenfreund scheint etwas durch von Jesu Menschenfreundlichkeit und Güte. Das Wichtigste für eine hilfreiche Beziehung zu seinem Anam Cara war das Vertrauen. Es ermöglichte eine Offenheit ohne Angst und förderte die Bereitschaft, sich neben aller Bestärkung und Ermutigung auch in Frage stellen und herausfordern zu lassen. *Pelagius* beschrieb das folgendermaßen: Jeder von uns braucht in der Tat einen besonderen Freund, der ein Freund der Seele genannt werden könnte. Wir müssen unsere Seelen ganz öffnen für diesen Freund, sodass wir nichts verbergen und alles offenlegen. Und wir müssen diesem Freund erlauben, zu bewerten und zu beurteilen, was er sieht. Die Beziehung zu so einem Seelenfreund ist etwas Kostbares, ja etwas Heiliges.

»Eine treue Freundin ist ein starker Schutz, wer sie findet, hat einen Schatz gefunden«, heißt es bei Ben Sirach 6,14. Wie finden wir einen treuen Seelenfreund? Umgekehrt gefragt: Wo haben wir bereits solch einen uns vertrauten Menschen gefunden? *John O'Donohue* vermutet: »Achtsam geworden, können wir plötzlich entdecken, dass der Anam Cara, nach dem wir uns schon immer gesehnt haben, direkt neben uns steht.« Und vielleicht ist es ja auch an der Zeit, selbst zu einem Anam Cara, zu einer Seelenfreundin zu werden für jemanden, der uns sein Vertrauen schenkt.

Kraft schöpfen

Leben aus unverbrauchten Quellen

Gott gebe mir nur jeden Tag
so viel ich darf zum Leben
Er gibt's dem Sperling auf dem Dach
Wie sollt er's mir nicht geben

Matthias Claudius

Die Kraft des Vertrauens

Schwester Gisela Ibele

Vertrauen macht weit. Ich besuche heute die Weite meiner Lieblingslandschaft, die Weite des Himmels, die Weite meines Herzens. Ich will sie kosten, atmen, mich tragen und führen lassen. Ich traue allem Geschaffenen und glaube, dass nichts umsonst atmet und existiert. Ich traue der Sonne, dass sie morgen wieder scheint. Ich traue dem Augenblick, der mich überraschen kann. Ich traue dem heutigen Tag und glaube, dass Gutes darin für mich verborgen ist. Ich überlasse mich der Kraft des Vertrauens.

Mit beiden Beinen auf der Erde stehen: Wir brauchen die Erfahrung der Schwerkraft. Sie ist Ausdruck einer Kraft, die anzieht, ohne zu fesseln. Sie erdet, ohne dass wir den Himmel aus dem Blick verlieren. Sie ist auch Symbol für die Liebe Gottes, die alle Menschen trägt, ohne zu vereinnahmen. Über unsere Fußsohlen geraten wir ständig mit der Erde und ihrer Schwerkraft in Berührung. Allerdings schieben wir sicherheitshalber Schuhe dazwischen. Dabei wissen wir genau, dass trotz Schuhen nicht alles glatt geht. Grund genug, sich immer wieder hautnah der Erde zu vergewissern.

Jeder Weg fängt mit dem ersten Schritt an – und jeder erste Schritt fängt mit dem Stehen an. Wenn ich mutig bin, verlagere ich mein Körpergewicht auf ein Bein. Mein Atem geht ruhig, meine Knie bleiben locker, mein Stand bleibt aufrecht. Ein bisschen halte ich die Unsicherheit aus, bevor ich die Beine wechsle und das

Körpergewicht neu ins Lot bringe. Ich lebe mit einem labilen Gleichgewicht, immer wieder falle ich heraus, immer wieder finde ich es neu. Ich bejahe meine Unausgeglichenheit, meine Instabilität, meine Schwäche und meine Neigung, »nach dem Wind zu gehen«. In dieser Erfahrung spüre ich aber auch die Sehnsucht nach Stehvermögen und Geradlinigkeit.

Mein inneres Fenster öffnet sich nach zwei Seiten: himmel- und erdwärts. Ich kann der Wucht der Schwerkraft und der Schwere des Lebens zwar nicht entkommen. Die Erdverbundenheit meines Lebens nötigt mich, in der Erde zu graben, mich im Leben zu bücken und die Last des Lebens zu tragen: manchmal in einsamer und geduldiger Ausdauer. Aber ich kann lernen, in den kargen Boden des Alltags Blumen der Freude zu pflanzen. Vielleicht falle ich auch immer wieder auf den Boden, in meine alten Fehler. Aber ich darf nicht vergessen: Über mir ist der Himmel, der mich nach oben zieht.

Sein eigenes Ego loslassen ist eine Kunst, die gelernt werden will. Ich lasse los, was andere von mir denken, wie ich selbst von mir denke. Sich fallen lassen in die eigene Tiefe, das braucht Mut. Es erscheint als ein Sturz ins Nichts, ein Abtauchen ins Schweigen. Sich selbst aushalten in der Tiefe der Einsamkeit.

Ich halte einen Menschen fest – und schon habe ich ihn verloren. Ich werde älter – mein Leib erlebt Verwandlung. Ich lasse meine Kinder los – und stelle keine Fragen. Ich verzichte auf das letzte Wort – das Schweigen ist die Sprache des Herzens. Ich schaffe Ordnung – und finde mich doch immer wieder im Chaos. Ich hadere mit dem Schicksal – und lerne Ja und Nein sagen. Ich habe

Angst vor meinen Gefühlen – die Härte macht einsam und zerbrechlich. Ich begegne Sterbenden – und staune über den Lebenswillen. Ich weine und lache – wie befreiend!

Ich kann loslassen, weil ich gehalten bin – wie ein frei schwingendes Pendel. Wer frei schwingen will, braucht eine Aufhängung. Je höher das Pendel, desto weiter der Schwingungskreis, kunstvoller die Schwingungsbilder, kraftvoller die Falltendenz. Knüpfe deinen Lebensfaden an einen Fixpunkt – du wirst frei schwingen können und die gegebenen Grenzen spüren und achten. Wichtig ist der Fixpunkt: suche ihn im Himmel, dann wird dein Lebensfaden Bilder der Liebe in den Staub des Alltags zeichnen – Linie für Linie, Tag für Tag.

Die Quelle des Vertrauens

Leonardo Boff

Das Geheimnis bricht nicht in erschreckender Gestalt über uns herein, wie ein bodenloser Abgrund. Es macht sich bemerkbar wie eine Stimme, die uns einlädt, hinzuhören und die Botschaft, die von allen Seiten auf uns eindringt, immer stärker zu vernehmen – ein Lockruf, sich immer mehr auf das Herz eines jeden Dinges zuzubewegen. Für den gläubigen Menschen ist diese Stimme, die aus unserem tiefsten Inneren selbst emporsteigt, die Stimme Gottes selbst. Mystik meint also die Fähigkeit, das Geheimnis aller Dinge zu empfinden und davon berührt zu sein. Es geht dabei nicht darum, die Dinge zu denken, sondern vielmehr sie so tief zu empfinden, dass wir das faszinierende Geheimnis wahrnehmen, das in ihnen liegt, aus dem sie entspringen und das sie im Dasein hält.

Doch die Mystik offenbart da die Tiefe ihrer Bedeutung, wo wir das geheimnisvolle Band erfassen, das die Dinge nach allen Seiten vereint und verbindet, aus ihnen ein geordnetes und dynamisches Ganzes macht. Dies ist die Ursprungsquelle, aus der alles hervorgeht … In der Mystik geht es also nicht darum, über Gott nachzudenken, sondern Gott in allem Sein zu erspüren. Mystik will nicht über Gott sprechen, sondern zu ihm, um mit ihm in Gemeinschaft zu treten. Wenn wir beten, sprechen wir mit Gott. Wenn wir meditieren, spricht Gott mit uns …

Die Tatsache, dass das Leben zuinnerst gut ist, ermöglicht uns das Fest und den Sinn für Humor. Im Fest, sowohl in der religiösen als auch in der profanen Feier, versöhnen sich alle Dinge. Durch das Fest unterbricht der Mensch den monotonen Rhythmus des Alltags, macht eine Pause, um durchzuatmen und die Freude des Zusammenseins in Freundschaft und in der Zufriedenheit des gemeinsamen Essens und Trinkens auszuleben. Beim Fest haben Essen und Trinken nicht einfach nur einen praktischen Sinn, satt zu werden und den Durst zu löschen, sondern vielmehr, sich an der Begegnung zu erfreuen und die Freundschaft zu feiern. Beim Fest zählt die Uhrzeit nicht, und dem Menschen ist es für einen Augenblick gegönnt, die mystische Zeit einer mit sich selbst versöhnten Welt zu leben.

Deshalb gibt es beim Fest weder Feinde noch Fremde, denn das Fest hat Ordnung und Freude an der Güte der Menschen und Dinge zur Voraussetzung. Musik, Tanz, Freundlichkeit und festliche Kleidung gehören zur Atmosphäre des Festes. Dadurch bringt der Mensch sein Ja zur Welt, die ihn umgibt, und sein Vertrauen auf deren wesenhafte Harmonie zum Ausdruck. Aus diesem grundlegenden Vertrauen entspringt der Sinn für Humor. Das verborgene Wesen des Humors liegt letztlich in einer religiösen Grundhaltung, auch wenn das in einer profanen Welt vergessen wurde, denn der Humor sieht alle Wirklichkeiten in ihrer Unzulänglichkeit angesichts der Letzten Wirklichkeit schlechthin. Humor und Fest machen sichtbar, dass es immer eine Sinnreserve gibt, die uns noch lachen und die Verse des portugiesischen Dichters Fernando Pessoa rezitieren lässt: »War es das wert? Alles lohnt sich, wenn die Seele nicht klein ist.«

Quellen der Veränderung

Anthony de Mello

Wahres Glück kennt keine Ursache; Sie sind einfach grundlos glücklich. Wahres Glück kann nicht experimentiert werden. Es liegt nicht im Bereich des Bewusstseins. Es ist Selbst-Unbewusstsein.

So ist es auch mit der Heiligkeit. Von dem Augenblick an, da Sie sich Ihrer Heiligkeit bewusst sind, kippt sie um und wird zur Selbstgefälligkeit. Eine gute Tat ist dann am besten, wenn Sie nicht wissen, dass sie gut ist: Sie kommt so von Herzen, dass Ihnen Ihre Güte und Tugend gar nicht in den Sinn kommen. Ihre linke Hand hat keine Ahnung, dass Ihre rechte etwas Gutes oder Verdienstvolles tut. Sie tun es einfach, weil es Ihnen ganz selbstverständlich erscheint.

Die erste Eigenschaft der Heiligkeit ist also das eigene Nichtwissen um sie. Das zweite Kennzeichen liegt darin, dass sie keiner Anstrengung bedarf. Mit Anstrengung kann man Verhaltensweisen ändern, aber nicht sich selbst. Stellen Sie sich das etwa so vor: Mit Anstrengung können Sie einen Bissen in den Mund bringen, aber keinen Appetit wecken; mit Anstrengung können Sie im Bett bleiben, aber nicht einschlafen; mit Anstrengung können Sie jemandem ein Geheimnis verraten, aber kein Vertrauen schaffen; mit Anstrengung können Sie Komplimente machen, aber keine wirkliche Bewunderung empfinden; mit Anstrengung lassen sich Gefälligkeiten tun, doch alle Anstrengung ist umsonst, wenn es um Liebe oder Heiligkeit geht. Alles, was Sie mit Anstrengung erreichen können, ist Verdrängung, aber keine eigentliche Veränderung und kein echtes Wachstum.

Veränderung tritt allein durch Erkennen und Verstehen ein. Verstehen Sie Ihr Unglücklichsein, und es wird verschwinden – übrig bleibt das Glück. Verstehen Sie Ihren Stolz, und er wird von Ihnen abfallen – was bleibt, ist Demut. Verstehen Sie Ihre Ängste, und sie werden sich auflösen – was daraus folgt ist Liebe. Verstehen Sie Ihre Abhängigkeiten, und sie werden sich verlieren – die Konsequenz ist Freiheit, Liebe. Freiheit und Glück lassen sich nicht züchten und erzeugen. Man weiß nicht einmal, was sie eigentlich sind. Was Sie tun können ist nur, ihre Gegensätze zu beobachten und diese Gegensätze – indem Sie auf sie achten – absterben zu lassen.

Heiligkeit hat noch ein drittes Merkmal: Sie kann nicht gewollt werden. Wenn Sie das Glück wollen und herbeisehnen, werden Sie immerfort ängstlich darum besorgt sein, es auch zu erreichen. Sie werden ständig in einem Zustand der Unzufriedenheit leben. Und Unzufriedenheit und Sorge töten das Glück, das Sie eigentlich erlangen wollen. Etwas müssen Sie verstehen: Zwei Quellen der Veränderung sind in Ihnen.

Die eine ist die Raffiniertheit Ihres Ego, die Sie zu dem Bemühen drängt, etwas anderes zu werden als Sie eigentlich sind, und sich großzutun und zu glänzen.

Die andere Quelle ist die Klugheit der Natur. Diese Klugheit führt Sie zu Erkennen und Verstehen. Alles, was Sie zu tun haben, ist: Die Veränderung – ihre Art und Weise, die Schnelligkeit und den Zeitpunkt – der Wirklichkeit und der Natur zu überlassen. Ihr Ego ist ein großartiger Techniker, es kann aber nicht schöpferisch sein. Es verlässt sich auf Methoden und Techniken und erzeugt sogenannte Heilige, die streng, konsequent, mechanisch, blutleer und so intolerant gegen andere wie gegen sich selbst sind: gewaltsame Menschen – das genaue Gegenteil von Heiligkeit und Liebe …

Die Natur ist kein Techniker, sie ist schöpferisch. Sie sind Schöpfer und kein gerissener Techniker, wenn Hingabe in Ihnen ist und nicht Gier, Ehrgeiz, Furcht, nicht Streben nach Glanz und nach Mehr. Alles, was Sie dann haben, ist ein scharfes, waches, eindringliches, aufmerksames Bewusstsein, das alle Torheit und Selbstsucht, alle Abhängigkeiten und Ängste in Nichts auflöst. Die daraus folgenden Veränderungen sind nicht das Ergebnis Ihrer großartigen Planungen und Anstrengungen, sondern das Werk der Natur, die sich nicht um Ihre Pläne und Vorhaben kümmert, und damit auf der Seite der linken Hand keinen Raum gibt für Gefühle persönlichen Verdienstes, eigener Leistung oder gar ein Wissen davon, was die Wirklichkeit mithilfe Ihrer rechten Hand tut.

Das Reich Gottes ist Liebe. Was heißt lieben? Es heißt: empfindsam zu sein gegenüber dem Leben, den Dingen, den Menschen; ein Gespür zu haben für alles und jeden, ohne etwas oder jemanden auszuschließen. Denn Ausschluss ist nur möglich durch eigenes Verhärten, durch Verschließen seiner Türen. Und sobald eine Verhärtung eintritt, geht die Empfindsamkeit verloren. Es ist gewiss nicht schwer, Beispiele für diese Art von Empfindsamkeit im eigenen Leben zu finden.

Haben Sie schon einmal angehalten, um einen Stein oder einen Nagel vom Weg aufzuheben, damit sich niemand verletzt? Es spielt dabei keine Rolle, dass Sie denjenigen, dem dies zugute kommt, niemals kennen und Sie weder eine Belohnung noch Anerkennung für Ihre Tat ernten werden. Sie tun es einfach aus einem Grundgefühl des Wohlwollens und der Freundlichkeit heraus … Haben Sie sich schon einmal die Mühe gemacht, einem Fremden den Weg zu zeigen, obwohl Sie ihn nicht kannten und ihm auch niemals wieder begegnen werden, einfach deshalb, weil es Sie drängte, zu helfen? Dabei und bei vielen anderen Gelegenheiten wurde Liebe in Ihrem Leben sichtbar und zeigte an, dass sie in Ihnen lebendig ist und darauf wartet, freigesetzt zu werden.

Heilung für Kopf, Herz und Körper

Richard Rohr

Erst wenn wir auf einen Menschen, eine Situation, ein Ereignis, eine Idee, einen Konflikt oder eine Beziehung stoßen, die wir selbst nicht »managen« können, machen wir Bekanntschaft mit dem wahren Manager. Gott sorgt also dafür, dass uns Dinge begegnen, die wir nicht selbst managen können. Diejenigen, die bisher glaubten, ihr Leben im Griff zu haben, werden versuchen – ebenso wie alle Formen heroischer Spiritualität –, mittels Willenskraft und Bestimmtheit ein noch stärkeres Selbst aufzubauen, um die Zügel wieder in die Hand zu bekommen und die Kontrolle wiederzuerlangen.

Normalerweise ernten sie Bewunderung für ein solches Verhalten, wobei viele Menschen übersehen, dass sich dann letztlich im Laufe der Zeit eine unbeugsame, manchmal stolze und oft auch starre Persönlichkeit entwickelt, die – einmal befangen in diesem Muster aus selbst geschaffenen Erfolgen und ihrer Verteidigung – stets so weitermachen muss. Eine solch aggressive Reaktion bringt normalerweise keine liebevollen Menschen hervor, sondern Kontrollfreaks: Menschen, die unbedingt alles immer unter Kontrolle haben müssen. Irgendwann wird das Spiel für sie selbst unerträglich. Bis dieser Punkt erreicht ist, müssen normalerweise andere, insbesondere die eigene Familie, den Preis zahlen für ihr aggressives Streben nach Selbstbehauptung.

Allgemeiner gesprochen, verkleinern die meisten Christen die große Frohe Botschaft zu einer Moralfrage, bei der sie sich ganz und gar triumphierend und überlegen fühlen können und die ihnen normalerweise persönlich nichts abverlangt. Das Ego sitzt immer auf einem hohen moralischen Ross, oder, wie Paulus es so wunderbar formuliert: »Die Sünde aber erhielt durch das Gebot den Anstoß und weckte in mir jedwede Begierde; denn ohne Gesetz wäre die Sünde tot« (Römer 7,8). Dies ist wirklich eine außergewöhnliche Einsicht bei Paulus, eine, die ich selbst nicht glauben würde, wäre die Maskerade nicht so perfekt.

Damit wir uns selbst der Heilung überlassen, müssen in uns drei Räume gleichzeitig offen werden: der eigensinnige Kopf, das verschlossene Herz und der verteidigungsbereite Körper. Diese Öffnung ist spirituelle Arbeit – echte Arbeit. Ja, letzten Endes ist es die Arbeit einer »Macht, größer als wir selbst«, die zu größerer Helligkeit und tieferer Einsicht führt. Deshalb ist wahrer Glaube eine der ganzheitlichsten und freiheitlichsten Taten, die ein Mensch begehen kann.

Sie führt zu einer so breiten und tiefen Wahrnehmung, dass die meisten Traditionen sie einfach als »Licht« bezeichnen. Erinnern Sie sich: Jesus sagt auch von uns, wir seien das Licht der Welt (Matthäus 5,14). Christen vergessen das oft. Eine Erkenntnis, die so von innen leuchtet, steht im krassen Gegensatz zu der engstirnigen, gefühlskalten und leibfeindlichen Sache, zu der ein Großteil der Religion den Glauben hat verkommen lassen.

Die harmlos-verkopften Glaubenssysteme der meisten Religionen sind vermutlich der Hauptgrund für die weite Verbreitung des Atheismus in der heutigen Welt:

Die Menschen sehen, dass diese Systeme keine starken, achtsamen oder kreativen Menschen hervorgebracht haben, keine besseren Menschen als andere Gruppen, oft genug sogar viel schlechtere.

Ich wünschte, ich müsste das nicht sagen, aber Religion bringt entweder die allerbesten oder die allerschlechtesten Menschen hervor; Jesus weist in vielen Reden und Geschichten darauf hin. Verkopfte Glaubenssysteme sorgen für innere Spaltung, während wirklicher Glaube all unsere Teile (Leib, Herz und Hirn) anfunkt und uns eine neue Breitband-Empfangsstation anbietet, mit vollem Sound, ganz ohne monotones, statisches Rauschen.

Wenn wir zu dem Glauben kommen müssen, dass eine Macht, größer als wir selbst, uns Heilung schenken kann, dann indem wir unsere Fähigkeit zu schlichter, klarer und unverstellter Gegenwart entwickeln. Wer mit Kopf, Herz und Körper zugleich gegenwärtig sein kann, der wird »die Gegenwart« immer erfahren, ob er sie Gott nennt oder nicht. Und im Wesentlichen lernen wir diese Fähigkeit, indem wir dem Leben gestatten, sich uns nach seinen eigenen Spielregeln zu nähern, und uns nicht dem wunderbaren darunter liegenden Geheimnis verweigern, das überall und immer da ist, auch für mich. »Gott begegnet uns in der Verkleidung unseres Lebens«, sagt die spirituelle Autorin und Exerzitienleiterin *Paula D'Arcy* so schön in ihren Vorträgen und Seminaren. Wir können lediglich dafür sorgen, dass wir nicht im Weg stehen; wir können unsere Verteidigungshaltungen bemerken und beweinen, die verschiedenen Bereiche offen halten – und die Gegenwart, die wir ganz sicher als die »höchste

Macht« beschreiben können, wird offenbar werden, allumfassend und unmittelbar wirksam. Die Unmittelbarkeit stammt von Gott, aber vielleicht brauchen wir Zeit, bis wir »zu dem Glauben kommen« – wir brauchen Zeit für eine langsame, allmähliche Heilung und Wiederverbindung von Kopf, Herz und Körper, sodass sie als Einheit arbeiten können.

Beide Bewegungen sind ungeheuer wichtig: die Heilung unserer eigenen Person und die Heilung unseres immer beschränkten und möglicherweise vergifteten Gottesbildes. Beides zusammen wird irgendwann dafür sorgen, dass sich die drei Teile unserer Menschlichkeit wieder zu einer großartigen Empfangsstation verbinden. Eine »wahre Gotteserfahrung« rettet uns wirklich, weil sie immer besser ist als alles, was wir glaubten erwarten oder verdienen zu können.

Meine innere Heilungskraft

Pierre Stutz

Wer sich in den Raum des einfachen Daseins, der Stille hineinwagt, der soll nicht überrascht sein, dass ihm zuerst die Unruhe entgegenkommt. In allen Mythen und Märchen wird erzählt, wie Menschen durch ein dunkles Tal oder eine unbekannte Höhle hindurchschreiten müssen, um zu einer neuen Lebensqualität zu gelangen. Der Weg zu einer inneren Heilung führt durch den Schmerz, das Blockierte, das Unerlöste hindurch … Ich darf jedoch auch auf meine innere, göttliche Heilungskraft vertrauen, die sich in mir im Eintauchen in die Stille entfalten kann. Wenn sich zuerst meine innere Unruhe meldet und wenn sie sein darf, dann kann ich sie besser gehen lassen. Dieser Durchgang von der Unruhe zur Stille bietet uns die Gelegenheit, wohlwollend und geduldig mit uns selber umzugehen, uns anzunehmen mit unseren vielfältigen und ambivalenten Gefühlen, die immer nur ein Teil von uns sind.

Wir sind mehr als die Unruhe, als die verdrängten Verletzungen, wir sind anerkannt in unserer Kostbarkeit. So wie sich uns nach einem heftigen Gewitter die Landschaft in großer Klarheit zeigt, so kann nach der Unruhe die Lebenskraft der Stille mich zur Hoffnung bewegen. Wenn wir uns wie Jesus dem Leben in die Arme werfen wollen, wenn wir liebend-versöhnend unterwegs sein wollen, dann brauchen wir die Gabe des Innehaltens, die sich uns im Rhythmus von Spannung und Entspannung zeigt. Uralte Lebensweisheiten erzählen uns unaufhaltsam von dieser Lebenskultur, die sich weigert, sich leben zu lassen. Die erste Frage eines mystischen Menschen heißt darum nicht: »Was muss ich tun?«, sondern: »Wo nehme ich die Kraft her, aus welcher Quelle schöpfe ich?« *Johannes vom Kreuz* (1542–1591) spricht von einem »liebenden Aufmerken« und *Madeleine Delbrêl* (1904–1964) spannt den Bogen des Innehaltens, des Verweilens sehr weit: »Christus will überall dort zu Hause sein, wo wir bei uns selber verweilen.«

Seit meinem Burnout lasse ich mich nun schon viele Jahre durch mystische Weggefährtinnen und Weggefährten zu einem gesunden Lebensstil bestärken. Faszinierend ist die Entdeckung, dass Mystikerinnen und Mystiker alle Jahrhunderte hindurch jene Lebenskunst entfalten, in der ich mitten in das Grundgeheimnis unseres Lebens gestellt werde, in das Geheimnis von Spannung und Entspannung. Auch im interreligiösen Kontext eröffnen sich in der mystischen Spur in jeder Religion höchst spannende Lebensentwürfe, die voller Rückzug, Kreativität und leidenschaftlichem Engagement sind. Der Schlüssel zu einem spannend-entspannten Leben liegt in der tiefen Einsicht, dass sich Selbstwerdung und Solidarität, Gottes-, Selbst- und Nächstenliebe nicht widersprechen, sondern ergänzend im Rhythmus von Zupacken und Geschehenlassen ereignen.

Jene Gabe der Unterbrechung, die uns aufzeigt, was wirklich wesentlich ist im Leben, was wirklich trägt. Es ist die Gabe der Aufmerksamkeit, wie sie die Mystikerin *Simone Weil* (1909–1943) benennt. Liebende Menschen sind aufmerksame, achtsame Menschen, die regelmäßig in die Kraft des Augen-Blicks eintauchen, weil sie uns mit der Urkraft der Ewigkeit verbindet. Im französischen Urtext verwendet Simone Weil das Wort *attente,* das sich nicht leicht übersetzen lässt: »Aufmerksamkeit« ist eine gute Übersetzungsspur, doch das Wort *attente* bedeutet viel mehr, es hat mit »aufmerksamem Warten, mit Erwarten« zu tun. Ich umschreibe das Lebenswort von Simone Weil so: »Voller Erwartung nichts erwarten.« Sich halbstündlich ein, zwei Minuten unterbrechen zu lassen, kann uns ein entspannendes Beten schenken, das über uns hinausweist, himmelwärts.

Du
bist unsere innere Quelle
die unsere Ohnmacht verwandelt
in lebensbejahende Hoffnungsbilder

Du
nährst unseren inneren Garten
mit deiner wohltuenden Gegenwart
die uns das Verbindende mit allem spüren lässt

Du
träumst unaufhörlich in uns
deinen Traum einer gerechteren Welt
der sich auch durch uns verwirklichen wird

Du
bist Immanuel
mit uns in all unseren Lebensvollzügen
als Wesenskern in unserer Seele

Ein Brief und zwei gepresste Blüten

Joan Chittister

Keine Frage, das Leben ist flüchtig und vergänglich. Wie Sand rinnt es uns durch die Hände, bevor wir überhaupt auf den Gedanken kommen, es festzuhalten. Worauf sollen wir also unser Leben bauen? Was trägt uns durch unser Leben und gibt uns am Ende Trost?

Wie können wir eine Entscheidung treffen?

Jede große religiöse Tradition beschäftigt sich mit dem Wesen und Sinn des Lebens. Alle stellen zwar die Frage nach Erlösung und Befreiung von den Fesseln leiblicher Existenz mit all ihren Schmerzen und Leiden. Aber solange wir hier in diesem Leib sind, stellt sich erst einmal die Frage, wie wir in diesem Leben die richtigen Entscheidungen treffen oder falsche wiedergutmachen können.

Wir müssen Prioritäten im Leben setzen, auch wenn es viele andere Dimensionen gibt, die wir um sie herum arrangieren müssen oder sollen, wie Schönheit, Beziehungen, Sicherheit, Macht und Geld. Doch meistens ist das Festlegen von Prioritäten die schwierigste Aufgabe im Leben. Es ist eine Sache, Entscheidungen über die kleinen Dinge, die wir in unserem Leben tun wollen, zu treffen. Eine völlig andere Sache ist es aber zu entscheiden, welche Art von Mensch wir werden wollen, während wir diese Dinge tun. Meist sind die Dinge, mit denen wir unser Leben verbringen, viel unwichtiger als die Frage, wie wir sein wollen, wenn wir diese Dinge tun –

ganz gleich, was es ist und wie viel Zeit wir darauf verwenden.

Die großen spirituellen Traditionen warnen uns davor, diese beiden Dinge miteinander zu verwechseln. Die Sufis beispielsweise erzählen folgende Geschichte:

> Es war einmal ein Ältester, der für seine Frömmigkeit und Tugend überall geachtet wurde. Wann immer man ihn fragte, wie er so heilig geworden war, sagte er: »Ich weiß, was ich im Koran finde.«
>
> Einmal wurde er schwer krank, beklagte sich aber kein einziges Mal. »Wie konntest du in dieser Situation so ruhig bleiben?«, fragten ihn seine Schüler. »Ich weiß, was ich im Koran finde«, sagte der alte Sufi.
>
> Später wurde dem alten Mann alles gestohlen, was er in seiner Kammer aufbewahrte, sogar seine Kerzen und seine Schlafmatte. »Wie konntest du so beherrscht bleiben?«, wurde er gefragt. »Ich weiß, was ich im Koran finde«, antwortete er.
>
> In einem Sommer wuchsen keine Feigen, und der Alte wäre beinahe verhungert. »Wie hast du es geschafft zu überleben?«, fragten seine Schüler voller Ehrfurcht. »Ich weiß, was ich im Koran finde«, sagte der alte Mann.
>
> Als der alte Mann starb, eilten alle zu seiner Hütte um herauszufinden, was sich in seinem Koran verbarg. »Sagt, was ist es?«, riefen alle durcheinander.
>
> Der Schüler, der das Buch in den Händen hielt, hob überrascht seinen Blick und sagte voller Verwunderung: »Was sich in diesem Koran findet, sind

Notizen auf jeder Seite, zwei gepresste Blumen und der Brief eines Freundes.«

Es gibt Dinge im Leben, die niemals sterben und immer eine Quelle der Freude für uns sein werden, solange wir sie pflegen. Sie werden uns immer begleiten, ganz gleich, wie schwer unser Leben auch sein mag und mit welchen Dingen wir es zubringen.

»Zwei gepresste Blumen«, die Schönheit ihrer Blüten, die Erinnerung an gute Tage, bleiben in unserem Gedächtnis und unserem Herzen, auch wenn ein schönes Ereignis schon längst vorbei ist. Die Schönheit pflanzt Samen der Hoffnung in uns. Sie erinnert uns an eine Zeit, die unschuldig war und gut. Sie bringt uns in Berührung mit dem Natürlichen. Die Schönheit führt uns vor Augen, dass dieser Moment, ganz gleich ob wir ihn wollen oder nicht, wichtig für unser Wachstum ist und seine Blüten irgendwann in eine Richtungen recken wird, die wir jetzt noch nicht erahnen können.

Dies ist die Art von Schönheit, die weder gekauft noch erarbeitet, weder festgehalten noch gehortet werden kann. Sie erinnert uns daran, dass wir in einem Garten leben, den wir pflegen sollen, anstatt ihn zu zerstören. Sie bringt uns dazu, in uns die Fähigkeit zu entdecken, selbst Schönheit zu hinterlassen und darauf zu vertrauen, dass unser Schöpfer uns Schönheit schenkt, auch wenn wir sie nicht immer auf den ersten Blick erkennen.

»Zwei gepresste Blumen« sind die Schatzkammer jener Momente in unserem Leben, die ein spontanes Lachen unvergesslich gemacht haben. Sie klingen noch lange nach und dienen uns als Erinnerung an die unvergängliche, unveränderliche Schönheit des Lebens, ganz gleich, wie viele traurige Tage es auch für uns bereithalten mag. Sie erinnern uns daran, dass es in unserem Leben, auf dessen Grund, eine unerwartete Güte gibt, eine grundlegende Schönheit, die all die Momente wieder ans Licht holt, die wir selbst unter Neid, Hass, Zorn oder Egoismus vergraben haben.

Das Leben selbst in seiner Heiligkeit kultiviert diese Momente. Sie sind der Pulsschlag des Universums. Sie bewirken, dass wir uns freuen, am Leben zu sein. Sie lassen uns hoffnungsvoll nach vorne blicken, wenn uns alles andere im Leben in tiefe Verzweiflung stürzt. Wenn wir über die großen Fragen des Lebens reflektieren, wird alles andere wieder ins rechte Licht gerückt. Wir sind zu mehr bestimmt als zu Geld und gesellschaftlichem Ansehen. Wir sind zu mehr berufen, als nur Passanten im Leben zu sein. Wir sind hier, um nach dem Besten in uns zu streben, einen Weg zu unserem tiefsten Inneren zu finden und zu erkennen, dass wir eindeutig menschlich und zugleich eindeutig mehr sind als das. In uns funkelt der Sternenstaub des Universums, und wir sind auf unserem Weg nach Hause. Nichts Geringeres als der Kosmos soll uns davon ablenken dürfen, das Leben aus der Perspektive Gottes zu betrachten. Schließlich sind da noch Freundschaft und Liebe, »die Briefe unserer Freunde«, die uns berühren, damit wir lernen können, selbst auch andere zu berühren. Wir kommen auf diese Welt und sind vom Moment unserer Geburt an unfähig, ohne die Hilfe anderer zu überleben. Wir wachsen und übernehmen schließlich selbst diese Funktion: uns um andere zu kümmern, damit wir alle in dem sicheren Bewusstsein leben können, geborgen und gewollt, unersetzlich und geliebt zu sein.

Unsere Briefe erinnern uns daran, dass die Qualität unseres Lebens am Ende von den Dingen und Menschen bestimmt wird, die wir geliebt haben.

Wenn wir sämtliche Stufen des Lebens erklommen haben, werden uns nur diese Dinge bleiben: die spirituellen Schätze, die unsere Seelen so weit öffnen, bis wir das wahrnehmen, was unsere Augen nicht sehen; die Erinnerung daran, wie schön das Leben unter all seiner Hässlichkeit ist und die Liebe der Menschen, die unsere Reise angenehm für uns gestalten.

Neues Leben

Antje Sabine Naegeli

Wenn die froststarren Nächte
vorüber sind
und es zu tauen beginnt
tief in uns,
wenn das Licht wächst
und die Farben zurückkehren,
wenn es nach Leben riecht,
dann rühmen wir, Gott, Deine Kraft,
die die Schwere
von unseren Schultern nimmt
und unsere Schritte befreit.
Mit Aufatem füllst Du uns,
hüllst uns in Kleider der Freude.
An der Hand Deines Engels
brechen wir auf.

Anhang

Quellenverzeichnis

Alle Quelltexte sind, soweit nicht anders vermerkt, im Verlag Herder, Freiburg im Breisgau, erschienen.
© Verlag Herder GmbH, Freiburg im Breisgau

Petra Altmann, Das ABC der Dankbarkeit, 2011.

Petra Altmann, Aufbruch in die Stille, 2010.

Petra Altmann (Hg.), Weisheit aus der Stille. Das Kloster-Jahreslesebuch, 2011.

Doris Bewernitz, Wo die Seele aufblüht. Warum ein Garten glücklich macht. © Kreuz Verlag in der Verlag Herder GmbH, Freiburg im Breisgau 2012.

Leonardo Boff, Sehnsucht nach dem Unendlichen. Spirituell leben. Aus dem Portugiesischen von Bruno Kern. © 2011 Butzon & Bercker GmbH, 47623 Kevelaer, Deutschland. © der Taschenbuchausgabe: Verlag Herder GmbH, Freiburg im Breisgau 2012.

Phil Bosmans, Zum Glück zu zweit. Vitamine für Verheiratete und für alle, die gemeinsam durchs Leben gehen. Mit Fotografien von Andrea Göppel, 2013.

Phil Bosmans, Vergiss die Freude nicht, Neuausgabe 2012.

Phil Bosmans (zusammen mit Ulrich Schütz), Lichtblicke. Ein gutes Wort für jeden Tag, 2012.

Hilde Domin, Gesammelte Gedichte. © S. Fischer Verlag GmbH, Frankfurt am Main 1987.

Joan Chittister, Weisheitsgeschichten aus den Weltreligionen. Antworten auf die Fragen des Lebens, 2009.

Abt Johannes Eckert, Lebe, was du bist. Klug – gerecht – tapfer – maßvoll. © Kösel-Verlag, München, in der Verlagsgruppe Random House GmbH. Für die Taschenbuchausgabe: © Verlag Herder GmbH, Freiburg im Breisgau 2012.

Khalil Gibran, Der Prophet. Ins Deutsche übersetzt von Ulrich Schaffer, 2002, Neuausgabe 2011.

Anselm Grün, Das große Buch der Lebenskunst. Was den Alltag gut und einfach macht, 2012.

Anselm Grün, Kraftvolle Visionen gegen Burnout und Blockaden. Den Flow beflügeln. © Kreuz Verlag in der Verlag Herder GmbH, Freiburg im Breisgau 2012.

Anselm Grün, Gesund mit Leib und Seele © Kreuz Verlag in der Verlag Herder GmbH, Freiburg im Breisgau 2011.

Rainer Haak, Champagner für die Seele, Neuausgabe 2013.

Schwester Gisela Ibele, 40 Tage Himmlisch leben. Der Fastenkalender, 2013.

Schwester Gisela Ibele, Der Geschmack des Himmels. 12 Schritte für ein sinnliches Leben, 2012.

Margot Käßmann, Stille und Weite. Mit Fotografien von Monika Lawrenz, 2012.

Anthony de Mello, Warum der Schäfer jedes Wetter liebt. Weisheitsgeschichten, Neuausgabe 2013.

Anthony de Mello, Wie ein Fisch im Wasser. Anleitung zum Glücklichsein, Neuausgabe 2013.

Antje Sabine Naegeli, Umarme mich, damit ich weitergehen kann. Gebete des Vertrauens, 2010.

Angela Römer-Gerner, Möge deine Seele voll sein von Leben. Keltische Spiritualität entdecken, 2013.

Richard Rohr, Zwölf Schritte der Heilung. Gesundheit und Spiritualität, 2013.

Richard Rohr, Reifes Leben. Eine spirituelle Reise, 2012.

Anton Rotzetter, Gott, der mich atmen lässt. Gebete, 2012.

Andrea Schwarz, Ein tanzender Stern. Von Chaos, Ordnung und dem wahren Leben, 2012.

Andrea Schwarz, Kleines Buch der Lust am Leben, 2011.

Andrea Schwarz, Mehr leben! Eine Auszeit mit dem Propheten Elija, 2011.

Clemens Sedmak, Geglücktes Leben. Was ich meinen Kindern ans Herz legen will. © 2006 by Styria Verlag in der Verlagsgruppe Styria GmbH & Co KG, Wien-Graz-Klagenfurt. © der Taschenbuchausgabe: Verlag Herder GmbH, Freiburg im Breisgau 2012.

Christa Spilling-Nöker, Einfach gerne leben! 365 gute Tage, 2008.

Pierre Stutz, Atempausen für die Seele, Neuausgabe 2013.

Pierre Stutz, Kleines Buch vom Kreis des Lebens, 2011.

Pierre Stutz, Was meinem Leben Tiefe gibt, Neuausgabe 2011.

Pierre Stutz, In der Weite des Himmels. Ein meditativer Gang durch die Bibel, 2011.

Notker Wolf, Die sieben Säulen des Glücks. Tugenden zum Leben, 2011.

Textnachweise

S. 13: Grün, Kraftvolle Visionen, 129.
S. 17: Grün, Einfach leben, 71–72 (Auszug); Gesund mit Leib und Seele, 61–64.
S. 19: Stutz, Atempausen 9–10; 14–15 (Auszüge).
S. 21: Stutz, Atempausen, 25.
S. 22: Ibele, 40 Tage Himmlisch leben (Auszüge).
S. 25: Eckert, Lebe, was du bist, 83–85; 87–89; 92–94; 97–100 (Auszüge ohne Zwischenüberschriften).
S. 29: Auszug aus: Rotzetter, »Erdhaftigkeit (humilitas)«, in: Ders., Gott, der mich atmen lässt, 180.
S. 30: Wolf, Die sieben Säulen des Glücks, 108–110; 124–125 (Auszüge).
S. 33: Römer-Gerner, Möge deine Seele voll sein von Leben, 172; 178–180.
S. 36: Haak, Champagner für die Seele, 31–32.
S. 37: Schwarz, Ein tanzender Stern, 106–107; 129; 141–142; 196 (Auszüge).
S. 43: Käßmann, Stille und Weite, 12; 42.
S. 45: Hilde Domin, »Bitte«, aus: Dies. Gesammelte Gedichte © S. Fischer Verlag GmbH, Frankfurt am Main 1987, 117.
S. 46: Grün, Kraftvolle Visionen, 159–162.
S. 49: Bewernitz, Wo die Seele aufblüht, 20–23.
S. 53: Stutz, Kleines Buch vom Kreis des Lebens, 15–17; 25–28.

S. 57: Ibele, Der Geschmack des Himmels, 64–67; 74–77.
S. 62: Altmann, Aufbruch in die Stille, 31–36; Altmann, ABC der Dankbarkeit, 128–130 (Auszüge).
S. 69: Stutz, Was meinem Leben Tiefe gibt, 153–154; 156 (Auszüge).
S. 71: De Mello, Warum der Schäfer jedes Wetter liebt, 18.
S. 72: Spilling-Nöker, Einfach gerne leben, 102; 35; 48; 105.
S. 74: Altmann, Aufbruch in die Stille, 62–64.
S. 76: Ibele, 40 Tage Himmlisch leben (Auszüge).
S. 78: Käßmann, Stille und Weite, 5; 10; 90.
S. 80: Schwarz, Mehr leben, 136–138.
S. 87: Grün, Das große Buch der Lebenskunst, 118–121; 124.
S. 91: Gibran, Der Prophet, 80–82.
S. 92: Sedmak, Geglücktes Leben, 89–91; 92–95.
S. 96: Bosmans, Lichtblicke, 138, 142; Bosmans, Zum Glück zu zweit, 14.
S. 98: Stutz, Atempausen, 111–113.
S. 100: Rohr, Reifes Leben, 197–199; 196.
S. 102: Römer-Gerner, Möge deine Seele voll sein von Leben, 185–188 (Auszüge).
S. 107: Ibele, 40 Tage Himmlisch leben (Auszüge).
S. 110: Boff, Sehnsucht nach dem Unendlichen, 49–51; 53–54 (Auszüge).
S. 112: De Mello, Wie ein Fisch im Wasser, 49–53; 89–90.
S. 116: Rohr, Zwölf Schritte, 30–31; 38; 44–45.
S. 120: Stutz, Was meinem Leben Tiefe gibt, 141–142; 146–147; Stutz, In der Weite des Himmels, 99.
S. 123: Chittister, Weisheitsgeschichten, 237–242.
S. 128: Naegeli, Umarme mich, 86.

Verzeichnis der Autorinnen und Autoren

Petra Altmann, Dr. phil., freie Journalistin und Buchautorin, erfolgreiche Veröffentlichungen zu Lebenswerten und Traditionen, die für unser Leben heute bedeutsam sind. Bei Herder: »Aufbruch in die Stille« (2010), »Das ABC der Dankbarkeit« (2011), Herausgabe von »Weisheit aus der Stille. Das Klosterjahreslesebuch« (2011).

Doris Bewernitz, Autorin (Lyrik, Kurzprosa, Satiren und Reportagen), Mutter zweier erwachsener Söhne, arbeitete als Krankenschwester, Gerichtsprotokollantin, Drogenberaterin, Sozialpädagogin, Dozentin und Gestalttherapeutin. Sie lebt in Berlin und verbringt die meiste Zeit in ihrem Garten mitten in der Stadt. Bei Kreuz in der Verlag Herder GmbH: »Wo die Seele aufblüht« (2012).

Leonardo Boff, geb. 1938, brasilianischer Theologe und Schriftsteller, Mystiker und Poet. Schon früh hat er Ökologie als zentrales Thema einer befreienden Spiritualität erkannt. Für seinen Einsatz für die Menschenrechte 2001 mit dem Alternativen Nobelpreis ausgezeichnet. Bei Herder spektrum Taschenbuchausgabe von »Sehnsucht nach dem Unendlichen« (2012).

Phil Bosmans, 1922–2012, kath. Priester und Ordensmann, Begründer des »Bund ohne Namen«, der sich in zahlreichen Ländern menschlich und karitativ engagiert. Zahlreiche Veröffentlichungen (Weltgesamtauflage bei geschätzten über 9 Millionen). Zuletzt bei Herder u. a.: »Vergiss die Freude nicht« (Neuausgabe 2012), »Lichtblicke. Ein gutes Wort für jeden Tag« (zusammen mit Ulrich Schütz, 2012), »Zum Glück zu zweit« (Neuausgabe 2013).

Joan Chittister, Dr. theol., amerikanische Benediktinerin, Erfolgsautorin, Dozentin, Leiterin von Kursen mit Auftritten im Fernsehen und eigener Internetpräsenz (www.benetvision.org). Bei Herder: »Weisheitsgeschichten aus den Weltreligionen. Antworten auf die Fragen des Lebens« (2009), »Das Leben beginnt in dir. Weisheitsgeschichten aus der Wüste« (2011).

Hilde Domin, 1909–2006, deutsche Schriftstellerin und Lyrikerin.

Abt Johannes Eckert, Dr. theol., geb. 1969, ist Abt der Benediktinerklöster St. Bonifaz in München und Andechs. Neben seinen vielfältigen seelsorglichen Tätigkeiten gestaltet er seit Jahren Exerzitien für Führungskräfte und Manager. Bei Herder Spektrum erscheint die Taschenbuchausgabe seines Tugendbuches »Lebe, was du bist« (2012).

Khalil Gibran, 1883–1931, geboren im Libanon, im Westen bekanntester Dichter des Orients; sein Werk »Der Prophet« (1923) trug wesentlich zur kulturellen Renaissance der arabischen Welt im Westen bei. Bei Herder erscheint »Der Prophet« in der Übersetzung von Ulrich Schaffer.

Anselm Grün, geb. 1945; Dr. theol., Benediktiner und Verwalter der Abtei Münsterschwarzach; geistlicher Berater, Begleiter und Autor höchst erfolgreicher Veröffentlichungen. Zuletzt bei Herder u. a.: »Einfach leben. Das große Buch der Spiritualität und Lebenskunst« (2011), »Kraftvolle Visionen gegen Burnout und Blockaden« (Kreuz-Verlag 2012). Internet: www.einfach-leben.de.

Rainer Haak, geb. 1947, verheiratet mit Angelika Haak, Musikerin und Sängerin, Vater von zwei Kindern, Theologe und freier Schriftsteller mit einer Gesamtauflage von 9 Millionen Büchern, in zehn Sprachen übersetzt. Zuletzt bei Herder: »Champagner für die Seele« (Neuausgabe 2013).

Schwester Gisela Ibele, geb. 1963, Franziskanerin von Reute, Ausbildung zur Erzieherin und Gemeindereferentin, Leiterin des Projektes »Sinn-Welt Jordanbad« (www.jordanbad.de). Zuletzt bei Herder: »100 Himmlische Gedanken. Atempausen für die Seele« (2010); »Der Geschmack des Himmels. 12 Schritte für ein sinnliches Leben« (2012), »Vierzig Tage Himmlisch leben« (2013).

Margot Kässmann, Dr. theol., geb. 1958, Theologin und Pfarrerin. 1999–2010 Landesbischöfin der evangelisch-lutherischen Kirche Hannovers, 2009/2010 Ratsvorsitzende der Evangelischen Kirche in Deutschland, 2012–2017 Beauftragte der EKD für das Reformationsjubiläum. Mutter von vier erwachsenen Töchtern. Zuletzt bei Herder: »Stille und Weite« (mit Monika Lawrenz, 2012), »Gut zu Leben. Gedanken für jeden Tag« (2011),

»Mehr als fromme Wünsche« (Neuausgabe 2012), »In der Mitte des Lebens« (Taschenbuchausgabe 2013).

Anthony de Mello, 1931–1987, geb. in Bombay (Mumbai), studierte nach seinem Eintritt in den Jesuitenorden Philosophie, Theologie und Psychologie. Er leitete ein Beratungs- und Ausbildungszentrum in Lonavla (Indien) und war in vielen Ländern gefragter Begleiter und Kursleiter. Seine weltweit verbreiteten Bücher erscheinen auf Deutsch im Verlag Herder, zuletzt u. a.: »Wie ein Fisch im Wasser« (2013), »Warum der Schäfer jedes Wetter liebt« (2013), »Warum der Vogel singt« (2013), »Wer bringt das Pferd zum Fliegen« (2013).

Antje Sabine Naegeli, geb. 1948, Studium der evangelischen Theologie, psychotherapeutische Ausbildung zur Logotherapeutin und Existenzanalytikerin. Lebt und praktiziert in St. Gallen. Zuletzt bei Herder: »Umarme mich, damit ich weitergehen kann. Gebete des Vertrauens« (2010).

Angela Römer-Gerner, aufgewachsen im Norden Deutschlands; Pfarrerin in Sursee/Luzern und Bern-Bümpliz, Seelsorgerin an der Psychiatrischen Klinik in St. Urban. Studienleiterin im Bildungszentrum Gwatt am Thunersee, von 1998 bis 2003 Leiterin der Fachstelle Spiritualität der Reformierten Kirchen Bern-Jura-Solothurn. Seitdem freiberuflich tätig. Bei Herder: »Möge deine Seele voll sein von Leben« (2013).

Richard Rohr, geb. 1943, Franziskanerpater, Gründer des »Zentrums für Aktion und Kontemplation« in New Mexico /USA, international bekannter und gefragter Vertreter einer zeitgenössischen christlichen Spiritualität. Zuletzt bei Herder: »Ins Herz geschrieben. Die Weisheit der Bibel als spiritueller Weg« (^{3}2012), »Reifes Leben. Eine spirituelle Reise« (2012), »Zwölf Schritte der Heilung. Gesundheit und Spiritualität« (2013).

Anton Rotzetter, geb. 1939, Schweizer Kapuziner, Buchautor und Referent für zeitgenössische Spiritualität. Eine der führenden Stimmen der christlichen Tierschutzbewegung, Mitbegründer des Instituts für Theologische Zoologie in Münster/Westfalen und Präsident der Arbeitsgemeinschaft Kirche und Tiere (AKUT) Schweiz. Zuletzt bei Herder: »Streicheln – mästen – töten. Warum wir mit Tieren anders umgehen müssen« (2012), »Gott, der mich atmen lässt« (Neuausgabe 2012).

Andrea Schwarz, geb. 1955, ausgebildete Industriekauffrau und Sozialpädagogin, viele Jahre in der Gemeindearbeit in Viernheim bei Mannheim sowie ehrenamtlich bei Projekten der Mariannhiller Schwestern in Südafrika. Heute als gefragte Referentin, Trainerin und Bibliolog-Ausbilderin tätig. Sie ist pastorale Mitarbeiterin im Bistum Osnabrück und lebt in Steinbild im Emsland. Andrea Schwarz gehört zu den meistgelesenen christlichen Schriftstellern unserer Zeit. Zahlreiche, sehr erfolgreiche Veröffentlichungen im Verlag Herder, zuletzt: »Ein tanzender Stern« (2012).

Clemens Sedmak, geb. 1971, verheiratet und Vater von drei Kindern. Philosoph und Theologe, Professor am King's College der Universität London, Leiter des Zentrums für Ethik und Armutsforschung der Universität Salzburg und Präsident des internationalen Forschungszentrums für soziale und ethische Fragen in Salzburg. Bei Herder Spektrum: »Geglücktes Leben« (Taschenbuchausgabe 2012).

Christa Spilling-Nöker, Dr. phil., geb. in Hamburg, ev. Pfarrerin mit pädagogischer und tiefenpsychologischer Ausbildung. Zahlreiche erfolgreiche Veröffentlichungen. Zuletzt bei Herder: »Engel. Geschichten aus alter Zeit« (2012), »Märchen. Geschichten aus aller Welt« (2013).

Pierre Stutz, geb. 1953; spiritueller Begleiter, Dichter und Autor viel beachteter Bücher zu einer Spiritualität im Alltag. Bei Herder u. a.: »Was meinem Leben Tiefe gibt. Schritte zum Dasein« (Neuausgabe 2011), »50 Rituale für die Seele« (Neuausgabe 2011), »Kleines Buch vom Kreis des Lebens« (2011), »Atempausen für die Seele« (Neuausgabe 2013). Im Internet: www.pierrestutz.ch

Abtprimas Notker Wolf, geb. 1940, Dr. phil., seit 1961 Mönch der Benediktinerabtei St. Ottilien, 1977 zum Erzabt gewählt, seit 2000 Abtprimas der Benediktiner mit Sitz in Rom. Sehr erfolgreiche Veröffentlichungen. Zuletzt bei Herder: »Gönn dir Zeit. Es ist dein Leben« (2009), »Die sieben Säulen des Glücks« (2011).

Bücher, die Freude schenken

Für jeden Tag ein gutes Wort
Mit Texten von Phil Bosmans, Anselm Grün, Anthony de Mello, Henri Nouwen und Andrea Schwarz
256 Seiten | Gebunden mit Leseband
ISBN 978-3-451-32641-7
Ein Jahresbegleiter mit Texten von fünf großen und beliebten Autoren. Worte, die das Herz erreichen und dem Alltag eine Seele geben.

Anselm Grün | Einfach leben
Das große Buch der Spiritualität und Lebenskunst
340 Seiten | Gebunden mit Schutzumschlag
ISBN 978-3-451-32385-0
Frei und authentisch leben und den eigenen Rhythmus finden. Offensein für den Augenblick, um immer mehr in Einklang mit sich selbst zu sein.

Margot Käßmann | Stille und Weite
Fotografien von Monika Lawrenz
96 Seiten | Gebunden mit Schutzumschlag | Durchgehend farbig
ISBN 978-3-451-32489-5
Meditative Impulse von Margot Käßmann zu eindrucksvollen Naturfotografien von Monika Lawrenz: eine Einladung, aus der Stille Kraft zu schöpfen.

Phil Bosmans / Ulrich Schütz | Lichtblicke
Ein gutes Wort für jeden Tag
400 Seiten | Durchgehend farbig
ISBN 978-3-451-31056-0
Neue Texte mit dem warmherzigen Ton von Phil Bosmans: 365 Lichtblicke für mehr Herz in dieser Welt.

Christa Spillling-Nöker | Weisheit
Märchen aus aller Welt
128 Seiten | Durchgehend farbig
ISBN 978-3-451-30681-5
Die Märchen aller Völker erzählen von der Suche nach Weisheit und Lebensglück. Die schönsten Weisheitsmärchen aus aller Welt, neu erzählt für unsere Zeit von Christa Spilling-Nöker.

Kalender 2014

Alle Kalender erscheinen im Juni 2013

Anselm Grün | Quellen der Kraft 2014
Wandkalender
ISBN 978-3-451-30728-7
Postkartenkalender
ISBN 978-3-451-30729-4
Eine Quelle der Kraft ist dieser Kalender von Anselm Grün. Mit Fotografien von Micha Pawlitzki, einem der besten Naturfotografen Europas. Als Wand- und als Postkartenkalender.

Margot Käßmann / Monika Lawrenz | Stille und Weite 2014
Wandkalender
ISBN 978-3-451-32597-7
Ein wertvoller Wandkalender mit Texten von Margot Käßmann und außergewöhnlichen Naturfotografien der Fotokünstlerin Monika Lawrenz. Aufatmen und Kraft schöpfen.

Ulrich Schaffer | Tiefes Glück
Der Ulrich-Schaffer-Kalender 2014
Kreuz Verlag in der Verlag Herder GmbH
ISBN 978-3-451-62301-5
Ein Fest für die Sinne: faszinierende Naturfotografien und poetische Texte des in Kanada lebenden Fotografen und Autors Ulrich Schaffer.

Momente für mich 2014
Mit Texten von Phil Bosmans, Anselm Grün,
Christa Spilling-Nöker, Pierre Stutz
Wandkalender
ISBN 978-3-451-30730-0
Postkartenkalender
ISBN 978-3-451-30731-7
Aufatmen mitten im Alltag: Impulse beliebter Autoren zu wunderschönen Fotografien von Gärten, kleinen Oasen und ländlichen Szenen. Als Wand- und als Postkartenkalender.

HERDER

MIX
Papier aus verantwortungsvollen Quellen
FSC® C014496
FSC
www.fsc.org

www.herder.de

Umschlagmotiv: © Mauritius Images/Amana Images
Umschlaggestaltung: Designbüro Gestaltungssaal
Satz: SatzWeise, Föhren

Herstellung: GGP Media GmbH, Pößneck

Printed in Germany

ISBN 978-3-451-30683-9